最強

1日1杯100円のうどんしか
食べられなかった僕が成功した

# 「レアボロ」不動産投資


著者
正木透次郎
MASAKI TOJIRO

監修
菅 丈史
SUGA TAKESHI



幻冬舎MC

１日１杯100円のうどんしか
食べられなかった僕が成功した

# 最強「レアボロ」
# 不動産投資

# はじめに

道頓堀にかかる戎橋《えびすばし》をご存じでしょうか。その橋の横腹は風雨に耐えられるようステンレスの化粧板で覆われています。この化粧板が施工されたのは今から12年前、僕が17歳のときでした。実は、僕は17歳の若さでこの工事に携わっていました。

僕の母親は当時スナックを経営していたのですが、そこの常連客の一人に外装工事を請け負う親方がいて、僕は声をかけられるがまま、中学を卒業してすぐその仕事に就いたのです。

しかし、ここはまともな職場ではありませんでした。親方からの電話に僕がワンコールで出なかったというだけで怒鳴られることは当たり前。僕以外に50代の職人がいたのですが、二人ともボロボロのアパートに住み、働いているのにまったくお金がない。それだけではなくなぜか歯もすべてない。厳しくも愛情深いはちゃめちゃな親方と、歯のない二人の職人と、中卒の僕――これが、僕の初めての職場でした。

リーマン・ショックの煽りを受け、その当時の給料は雀の涙程度。諸々の支払いを済ませば自由に使えるお金は毎月２万円が良いところです。

僕はいつも１日１０００円だけを握りしめ、次の給料日まで耐えしのんでいました。タバコを１箱買って残りは５００円と少し。昼飯にはなまるうどんのかけうどん１杯１００円（当時）を天かす山盛り（０円）にして食べて、夕飯は残りのお金でコンビニの１００円おにぎりを２個とカップヌードルだけ。手元に残った小銭を毎日集め、３日に１回、うどんのトッピングに「ちくわ磯部揚げ」を乗せるのが僕の唯一の楽しみでした。

「こんな貧乏生活から抜け出したい――」

ずっとそう思っていましたが、どうすればこの蟻地獄から抜け出せるのか、当時の僕はまったく分からないままでした。

そんな生活とは対照的に、家で観ていた米国のドラマ『ゴシップガール』の世界では、セレブなニューヨークの高校生たちが華やかな青春を送っていました。

なかでも僕の目を引いたのは登場人物の一人、チャック・バスという大富豪の御曹司。女好きで派手好き、でも仲間がピンチのときには、何かと頼りになる男。どうすればチャックみたいにスーパーカーで学校に横付けできるようなセレブになれるのか？

ドラマの中では、彼の父親が不動産で財を成したことになっていて、当時の僕はただそれだけの理由で「不動産を持てば金持ちになれるんだ」と思ったものです。

笑われると思いますが、それが僕と不動産との出会いです。

## 中卒、資格なし、経験なしからの就職活動

そこで、僕はこんな極貧人生から抜け出そうと、不動産会社に入るために就職活動をすることにしました。中卒、資格なし、経験なしの経歴をひっさげて……。

しかし当然、結果は散々。中卒でまともな社会人経験もない人間をどこも雇おうとはしてくれません。

やっぱり僕には無理なのかと絶望に近い思いを抱きましたが、不動産がだめなら車はどうかと、車が好きだったからという単純な理由だけで、大手中古車販売の会社も受けてみたのです。

すると、何とかアルバイトとして採用してもらうことができました。しかも、面接のときに僕のことを気に入ってくれた所長が「アルバイトから正社員になるチャンスもあるぞ」

と手を差し伸べてくれたのです。この機会を逃せばもうほかのチャンスはない。そう思った僕は、迷うことなく入社を決めました。

しかし、中古車販売会社で最初に与えられた仕事は、寒空の下での洗車や事務所の廊下に這いつくばっての床磨きでした。

来る日も来る日も同じ仕事を繰り返す日々。いったいこんなことをして何の意味があるんだろうと心が折れそうになりながら、それでも僕は「ナニクソ。負けないぞ」と歯を食いしばり、床を磨き続けていました。そして、床磨きをしながらも僕は「いつか自分も正社員になって、車を売る営業マンとして活躍してやる」という気持ちを秘め、近くのテーブルに座る社員の営業トークを一言一句漏らさぬよう頭に叩き込んでいったのです。

そんな状態で半年が経過した頃、突然所長から「お前は明日から正社員だ。現場に出て営業をしろ」と言われました。僕は床を磨きながら盗み聞きして身に付けたトークを武器に、車を売りに売りまくったのです。絶対にのし上がるという思いと、これまでのウサをはらすかの如く、僕は喋り倒し、正社員になった翌月には、営業成績全国1位という結果を打ち出しました。

# 働いて分かったサラリーマンの限界

初めて正社員でもらった給料は55万円。翌月には70万円。１杯１００円のうどんを食べていた頃に比べれば格段に高い給料でしたが、僕はそれでも全然満足できませんでした。これでは僕がドラマで観た金持ちのような生活には遠く及ばない。もっと稼げる方法はないか。どうすればチャック・バスのようなセレブになれるのか。

――やっぱり「不動産」しかない。

僕はあらためてそう思い、せっかく1位になった中古車販売会社を退職して、もう一度不動産会社への転職活動を再開したのです。

相変わらず中卒、資格なし、経験なしの僕でしたが、今度の就職活動は前回とは全然違いました。世の中は面白いもので「トップセールスマン」という肩書きさえあれば、どこの会社も快く迎えてくれるのです。ついに僕は、念願かなって不動産会社で働くことになりました。

その後入社した不動産会社は投資物件を専門に扱っていました。そこで僕は大きな衝撃を受けます。

年齢が僕と一つ二つしか変わらないにもかかわらず、年収２０００万〜３０００万円の人が当たり前のようにゴロゴロいるではありませんか。

営業には自信がありましたが、僕は不動産投資についてはまったくの素人。そこで、必死に不動産投資についての勉強を開始。扱う物件の「仕入れ」と「販売」という両面から、不動産投資の基本について学び、その面白さにのめり込むと、次第にどうすれば不動産投資で儲けを最大化できるかを自分で考えられるようになっていきました。

僕はこの不動産会社でもすぐにトップの成績を取りましたが、ほどなくして退職を決めます。なぜなら、サラリーマンの給料の天井が見えたからでした。僕の目指しているチャック・バスのようなセレブはこんなものじゃない――。

## 不動産で成功するのに学歴は関係ない

不動産会社を退職し、まずは自分が不動産投資を実践することで、経験と実績をたくさん積み上げていきました。そして不動産投資のスキルや知見を着実なものにしていったのです。新築が良いのか、中古が良いのか。どこの物件が良いのか、過去のレントロール（家賃明細表）を見ながら物件の良し悪しを判断する。賃貸物件情報を毎日見続けて、家賃相場を頭に叩き込む。そうして儲かる物件と儲からない物件の違いを知り、より利益率の高い物件に投資する。

決断力は必要ですが、まさに学歴など関係なく、投資すればするほど知識と経験、そしてお金が蓄積されていく――これこそが不動産投資の醍醐味です。僕はいつしか、かつて自分が想像すらできなかった収入を不動産で得られるようになりました。

そんな僕が断言できるのは、世の中でまだくすぶっている若者や、学歴のない人でも、不動産投資でなら成功をつかめる、ということです。

現在、僕は自ら築き上げたノウハウを体系化し、過去の自分と同じようにお金に苦労している人たちにもこのメリットを享受してもらおうと不動産会社を立ち上げ、物件を紹介しています。多くの投資家が僕のノウハウで見つけた優良物件によって、資産を着実に増やすことができています。

実際、物件を優先的に紹介している会員の方々は、全員がプラス収支でクレームゼロです。セミナーやホームページ経由で入会いただき、会員数は９００名を超えました（２０２０年３月時点）。

本書で紹介しているのは、そんな僕の不動産投資手法の集大成です。

そのノウハウを習得し、一人でも多くの方がチャンスをつかんで資産を築き、今より少しでも豊かな人生を送ることができるきっかけの一冊となれば、それに勝る喜びはありません。

# 目次

## 第2章

# 自ら立ち上げた不動産会社は、会員顧客からのクレームゼロ。会員全員プラス収支。不動産投資でまず大事なのは「儲かる物件探し」だ!!

第3章

# 【レアボロ不動産投資ノウハウ①】自分が住む物件と投資物件は別。狙うは都市近郊のボロアパート一棟買い

## 【レアボロ不動産投資ノウハウ③】
## 不動産投資のうまみはココ。
## 確実に利益を生むキャッシュフロー戦略

## 第4章

# レアボロ物件の投資ノウハウさえ押さえておけば、不動産投資で成功できる！

巻末付録

## 小口資金で始める爆益必至の新興国不動産投資

# 第1章

## 学歴がないと就職先も見つからない……どうすればこの生活を変えられる？目指すは米国人気ドラマ『ゴシップガール』のチャック・バス

# 中学卒業後、現場仕事へ

僕が中学を卒業し、初めて就いた仕事は「現場仕事」でした。当時母親が経営していたスナックの常連の一人、現場職人の親方に声をかけてもらったのです。

例えば大阪の道頓堀にある戎橋。あの橋の改装が行われたのは、僕が17歳のときでした。橋の手すりにあたる高欄の部分はお好み焼きのコテになっていて、遊歩道から見上げた時に見える橋のパネル箇所やダウンライトのボックスはすべて、当時僕たちが手掛けたものです。

中卒ながらも社員として雇ってもらっていたその会社は、今思えば一風変わった職場でした。

親方は口が悪く、理不尽なことですぐに怒るような人でした。それからみすぼらしい恰好をした50代の職人が二人。ボロボロのアパートに住み、いつも家賃を滞納していました。そして僕を合わせた４人です。

景気の良い時期には彼ら職人の給料は40万円ほどあったはずなのに、なぜか給料日３日目にはすべての有り金を使い果たしてしまう、そんなろくでもないような職人たちでした。過去に何があったのかは知りませんが、二人とも全部歯がない。吸うタバコは日に日に変わっていく――（給料日にはセブンスターだったのが、月半ばにはわかばに、そして月末にはエコーへ）。僕が社会人として最初に働いたのは、そんな環境でした。

## 厳しい親方に〝人の道〟を教わる

親方は当時の僕にとって、とにかく怖い人でした。例えば電話にワンコールで出ないだけでブチギレられる。夜中の2時でも電話に出られなかったら「おいこら、お前エラなったのぉ～」と言うような人です。

しかし同時に、めちゃくちゃカッコいい大人でもありました。とにかく礼儀や男としての在り方に関してとても厳しい人なのです。教えてくれるしつけにはいつも一本筋が通っていて「男とはこういうものだ、男とはこうあるべきだ」と、そんな男としての生き方を一から十まで教えてくれた人でした。縦社会や横のつながり、そういう人間関係のルールについてもみっちり教えてくれたのです。

社会に出ても恥ずかしくないように育ててもらった僕は、今でもその親方のことを師匠と思っています。外での酒の飲み方や人との縁を大事にすること、礼儀や不義理は絶対にしてはいけないことなど、古き良き時代の人の道について厳しく教わりました。

そのおかげで僕は、周りの同世代よりも早い段階で人としての常識を身に付け、成熟することができました。

最近になってよく考えますが、近頃「男としてこう生きたい」という理想を持つ人が少ないように感じます。「俺はこういう男になりたい」とか「自分のカッコいいと思う男はこういう男だ」とか、これだけは譲れないという理想像を持つ人が、減ってきているのかもしれません。

そんな時代に早くから師匠と呼べる人に出会い育ててもらえたのは、今となっては良い経験でした。残念ながらその師匠も数年前に亡くなってしまいましたが、僕は今でも毎年欠かさず墓参りに行き、手を合わせています。それほど僕に大きな影響を与えてくれた親方。師匠の存在があって今の僕があるのです。

## 毎日１００円うどんでしのいだ超極貧暮らし

そんな親方の下で働いていた19歳の頃、リーマン・ショックの煽りをモロに受け、仕事がまったく取れなくなる時期がありました。ニートでもないのに月１程度しか仕事が入りません。当たり前のことですが、もちろん収入は不安定になります。

当時すでに嫁と子どもがいた僕は、これは何とかしなければ——という状況に陥ります。もともと大の車好きだった僕は、給料が20万円しかない頃からセルシオを乗り回すタイプの人間です。それが不景気になると、セルシオに乗っていながらガソリンスタンドで「１０００円分だけガソリンを入れてください」と恥ずかしいことを言う必要に迫られました。家族で遠出をするとなるとセルシオでは燃費が悪いため、わざわざ友人にハイエースを借りる。それほど厳しい状況だったのです。

当時の給料は雀の涙程度。嫁と子どもの食費や生活費、すべての支払いを済ませば、僕の手元に残るのはたったの２万円でした。１日１０００円を握りしめ、タバコを1箱買えば５００円とちょっとしか残りません。その残金で自分のご飯代を捻出しなければなりませんでした。

昼飯には毎日はなまるうどんに行き、1杯100円のうどんに無料の天かすを山盛りにかけて食す。残ったお金で晩飯はカップヌードルとおにぎりを2個。余ったお釣りを貯めて、3日に一度はなまるうどんにちくわ磯部揚げをトッピングで乗せる。これが当時の僕にとって唯一のご馳走だったのです。

## 不動産業界との出会い

「こんな貧乏生活から抜け出したい――」

厳しい親方の下、毎日100円のうどんで過ごしていた極貧時代。そんな日常から脱するきっかけとなったのは、米国人気ドラマで観たセレブの世界でした。

友人から面白いと聞いて家で観ていた『ゴシップガール』では、セレブなニューヨークの高校生たちが、僕とは正反対の華やかな青春を送っています。なかでも僕が影響を受けたのは、ドラマの登場人物の一人、チャック・バスという大富豪の御曹司でした。彼は毎朝リムジンに乗り、シャンパン片手に両脇に女を抱えて登校します。

当時地元の居酒屋しか知らなかった僕は「シャンパン？　そんな飲み物があるのか」と彼の生活スタイルに強い憧れを抱いたのでした。そしてドラマの設定では、彼の父親が不動産で財を成したことになっていたのです。

「なるほど、不動産屋は儲かるのか――」

当時の僕は素直にそう思いました。笑われるかもしれませんが、これが僕と不動産の出会いです。そしてこの出会いが後に、僕の人生を大きく変えることになります。

## 目指すは『ゴシップガール』のチャック・バス！ しかし現実は……

「チャック・バスのようなやつになりたい!!」

とにかく当時の状況を変えたかった僕は、意を決して不動産会社の面接に向かいます。

中卒、資格なし、経験なしの経歴をひっさげて……。

しかし、当然の如く結果は散々でした。学歴もなくまともな社会人経験もない人間を、どこも雇おうとはしてくれません。

それでも僕は、何とか自分の強みやほかの人との違いをアピールできればと知恵をふりしぼり、あえて志望動機や自己PRを履歴書に書かず面接に臨んだこともありました。しかしその想いも見事に砕け散る……そんな始末です。

「なんで志望動機書いてへんの?」

「想いが強すぎて書ききれなかったんです。この場でお伝えしようと思って」

「書ききれへん場合はな、もう一枚書くねん」

自分なりに工夫を凝らして臨んでいるにもかかわらず、そう言われて傷つく僕は次第にヒートアップし、面接で喧嘩腰になることもしばしば……。

ほかの会社でも同じようなやりとりを繰り返しては物の見事に不採用。

「僕は社会に必要とされてないのか……やっぱり現場仕事しか無理なのかな」

当時はひどく落ち込んだものです。

しかし世の中の景気は一向に良くならず、現場の仕事も入ってこない。一応社員だったため、日当1万円×13日分が最低保障されてはいたものの、それでは生活がままなりません。

## 第二の師匠との出会い

この状況を何とかしなければ――。

不動産会社の面接にすべて落ちた僕は、不動産がだめなら車はどうかと考えたのでした。

その理由は単純で「昔から大の車好き」だったからです。

それまで面接を受けてきた不動産会社はすべて小規模だったため、当時大証二部に上場していた某大手中古車販売の会社なんて受かるはずもないかと思いつつ、応募してみたのでした。

一次は40名ほどの集団面接で、全員が順番に志望動機と自己ＰＲを喋らされます。みんなが丁寧に流暢な敬語で話すなか、当時正しい敬語すら知らなかった僕は、あえてあまり喋らないよう短い言葉でＰＲしました。

「志望動機は車が好きだからです！　自己ＰＲは誰よりも根性があります！」

するとこれが功を奏したのか、奇跡的に受かることができたのです。

そうして二次面接に進み、その場で出会った面接官が僕の第二の師匠となる人物でした。

お洒落でカッコいいスーツを身にまとい、差し出された名刺の肩書きには、本部執行役員・営業所所長……。何だか分からないけどすごそうな肩書きがいくつも並ぶ彼の姿に、当時の僕は初めてサラリーマンでカッコいいと思える人に出会ったのです。しかも、めちゃくちゃ態度がデカい――。

「お前、何しに来たんや」

「あ、えっと面接です」

「お前ヤンキーなんか？」

「そんなことないです」

「ヤンキーなんやろう、どうせ。ほんでなんでココおんねん」

「どういうことですか？　一次面接に受かったんです」

「うち中卒はあかんねん、お前なんでおんねん」

「え!?　知りませんでした」

「受かったんはたまたまや。たぶん手違いやわ」

「そうなんですか……」

「ほんでお前、そのネクタイなんや？」

当時の僕はネクタイの結び方すら分からない人間でした。不動産会社の面接の時はすべて母親に結んでもらっていたのですが、この日に限って母親が家にいなかったのです。だからこの日初めて、自分でネクタイを結んでみたのでした。しかもＹｏｕＴｕｂｅを観ながら、一生懸命動画を真似して結んだネクタイです。

「ＹｏｕＴｕｂｅを観ながら結んだんですが……すみません、よく分かりませんでした。たぶん動きは合っていたんですけど、何か変ですか？」

「お前それ、ネクタイ裏やないか」

僕は映像を見ながら結んだことから、左右真逆の動きをしてしまっていたのでした。つまりネクタイの結び方が真逆になっていたのです。

「裏なんですね……。僕、初めて自分で結んだんです」

そんなやりとりを交わしていたら、少し場が和んだのでしょうか。

「お前おもろいな。採用や！」

と、想定外の回答をもらうことができたのでした。

「ただでもな、うち中卒は雇われへん。上にかけあって、バイトからなら雇たるわ。とりあえず車と床磨いとけ。良いと思ったら社員にしたるけど、それは様子見てからやわ」

バイトから――。僕は一瞬考えたのでした。今の現場仕事では最低保障が月13万円。

「バイトっていくらですか？」

「最低賃金８５０円じゃ。週休2日は絶対休ませなあかん」

さすがは大手の上場企業です。労働環境がしっかりしていたため、８時間しか働けない。時給８５０円×８時間労働。ざっと計算すれば、手取り月12万５０００円。これでは生活ができません。

一旦家に持ち帰り、僕は真剣に悩みました。これまでの面接ではすべて不採用だったこと、今後も不安定な現場仕事を一生続けていくのは絶対に嫌であること、そして何より、暮らしを一変させたかったのです。

「これで人生変えなあかん」

意を固めた僕は、その会社で働くことに決めたのでした。

しかし、その後待ち受けていたのは、地獄のような日々だったのです――。

## 待ち構えていた地獄のような日々

中古車販売会社で最初に与えられた仕事は、販売用車の洗車と事務所の地面に這いつくばっての床磨きでした。入社したのは残念なことに真冬の１月。寒空の下、手がキンキンに冷えてものすごく寒いのです。敷地には１５０台くらいの車が並び、毎日のように黄砂が降る。やってもやっても終わりはきません。毎日１日10台以上の洗車。それが終われば床磨き。

面接で出会った所長は横を通るたび僕の顔を見て

「嫌やったらいつでも帰れよ」

と、嫌味を言ってきます。

「あざす」

（俺、なんも言うてないやん……）

今思えば、きっと僕の人となりを見て試していたのでしょう。当時の僕は腹を立てながらも歯を食いしばり、来る日も来る日も清掃に励むのでした。

毎日同じ仕事を繰り返す日々。いったいこんなことをして何の意味があるのかと、心が折れそうになることも何度もありました。

当時、仕事とは別でお世話になっていた先輩には、しょっちゅう「こんな仕事辞めたい」と愚痴をこぼします。しかし先輩はそんな僕の姿を見て、いつも励ましてくれたのでした。

「辞めたかったら辞めていいんじゃない？　でもここで辞めたら、この先ずっと同じことの繰り返しだよ」

人格者であり日頃からリスペクトしていた彼にそう言われるたび、僕は「いいよやってやるよ」と何度も自分を奮い立たせては、洗車と床磨きに取り組むのでした。

そうして３カ月くらい経った頃、僕はふと気づいたのです。３カ月も続いているのだから、これはいつか社員になれるチャンスがあるのではないかと。そこから、僕の中であるスイッチが入ったのでした。

「いつか自分も正社員になって、営業マンとして活躍してやる――」

そんな気持ちを秘め、床を磨く僕の横で商談する社員の営業トークを一言一句漏らさぬよう、頭に叩き込んでいくことにしたのです。

そこから営業トークを盗む日々が始まりました。今思えばとても怪しい状況だったと思います。社員とお客さんが話す後ろで、床磨きをしながらスキルを盗んでいるのですから。

そんな状態で半年が経過した頃、突然所長から「明日から正社員や。営業として現場に立て」と言われたのです。

僕は待ってましたとばかりに、それまで密かに培ってきた営業トークを武器に、車を売りに売りまくったのでした。絶対にのし上がるという思いと、これまでのウサをはらす勢いで僕は喋り倒し、初月で当時所属していた支社の10人中3位という営業成績を打ち出すことができたのです。全国で４２０人中30位。初任給でもらった給料は55万円でした。

半年前まで現場仕事で汗をかき、しんどい思いをしてやっと20万円を稼いでいた僕が、車好きという理由だけでこんなにもらえるのか。

もっと勉強したら、もっと上に行けるんじゃないか――？

お金を稼ぐ効率を考えるようになったのは、その頃からでした。この職場で最も多く給与をもらうにはどんな営業成績を上げればいいのか。歩合率などをすべて計算し、何をどうすれば一番効率よくお金を稼げるのかについて考えるようになったのです。

そうして営業スキルを磨きに磨いてみた結果、瞬く間にトップセールスマンへと上り詰めることができたのでした。

正社員になった翌月には、営業成績全国1位という結果を打ち出したのです。給料はまたもや一気に跳ね上がり、2カ月目にして70万円。

そうして1年ほど働いたあと、稼ぐための効率について真剣に考えるようになった僕はサラリーマンの天井が見えたのでした。最大で僕がもらえる給料は月80万円。当時執行役員だった上司の年収は１０００万円とちょっと。上を目指すのも一つだが、彼らは昔からいる。なかなか昇進はできないだろう――。そもそも不動産業に就きたかったことを思い出した僕は、中古車販売会社に勤めて1年、20歳になる頃、再び不動産会社への転職を決めたのです。

## ようやく念願の不動産業界へ

中古車販売会社で断トツの結果を残した僕は、その後ついに憧れの不動産業界に転職を果たします。

世間とは面白いもので「トップセールスマン」という肩書きさえあれば、中卒・資格ナシでも、快く手を差し伸べてくれました。昔は不慣れだった敬語もその頃には話せるようになり、業界では有名な某大手不動産会社からも内定をもらうことができました。

しかし、僕は中古車販売会社で大企業の中の小さな歯車だったため、今度は小規模の会社の大きな歯車になりたいという理由から、小さな不動産会社を選ぶことにします。

その選択が良かったのか、入社を決めた会社の会長が僕をたいへん気に入ってくれたのです。僕は若輩ながらもあらゆる仕事を任せてもらい、すぐに所長になることができました。

その会長は不動産業界に長くいたことから、地上げや建売、土地開発から建築まで、すべてを手掛けるような人でした。いろんなことを僕に任せて経験させてくれ、また任せてもらえるその気持ちがとてもうれしく、分からないことは全部自分で調べながら仕事に励んだものです。人にできて自分にできないことはない、そう言い聞かせながら経験を積み上げ、24歳にして会社に約３億円を儲けさせることができたのでした。

しかしながら、当時の僕の年収は８５０万円ほど。前職では月80万円しか稼げないからこの業界にやってきたのに、これでは僕がドラマで観た金持ちのような生活には遠く及びません。会社に大きな利益をもたらしているのになぜ？　そんな疑問を抱くようになったのです。

今思えばその会社は、規模が小さすぎたのでした。僕以外に雇用されている15人ほどの生活を支えなければなりません。しかしその中で生産性があるのは僕だけ。会社を回そうとすればするほど負担がかかって苦しいばかり。これは自分が本当にやりたいことではない。そこで初めて、独立を考えるようになったのです。

僕も自分で不動産屋をやろう——。

しかし、ここで唯一経験を積めていなかったのが、投資用不動産でした。そこで、独立する前に投資用不動産の販売会社で一番すごいと言われる企業に転職することにします。

## 新たなスキルを身に付ける！投資用不動産の販売会社へ転職

当時24歳。昼の仕事で年収850万円を稼いでいた僕は、自分なりにすごいと思っていました。目指すは年収1000万円！

しかし転職してみると、その考えはまさに井の中の蛙だったのです。その後入社した投資用不動産の販売会社では、年齢が1歳上なだけで年収2000万〜3000万円がゴロゴロいるではありませんか。社員は皆タクシーで出退勤。二日酔いで出社しては、仕事を終えてそのまま新地に向かうのです。誰もが洒落たスーツを着こなし、めちゃくちゃ髭も生やしている。まるで、映画『ウルフ・オブ・ウォールストリート』のドラッグなしバージョンのような会社でした。

とにかくめちゃくちゃ仕事をし、とにかくめちゃくちゃ遊ぶ。年収１０００万円を目指していた僕は、この環境を見て大きな衝撃を受けたのでした。年収３０００万円を実現させる投資用不動産の販売とは、こんなにもすごいのか――。そう感化されたのです。

僕はそれまでの経歴から不動産売買の知識や営業には自信がありましたが、不動産投資についてはまったくの素人でした。ですから、新たな環境で必死に勉強をしたのです。

扱う物件の「仕入れ」と「販売」という両面から不動産投資の基本について学び、その職場で僕は初月で月１５０万円を稼ぐことができました。不動産投資の仕組みの面白さにのめり込むと、次第にどうすれば不動産投資で儲けを最大化できるかを自分で考えられるようになっていきました。

## ひとりでのし上がることを決意。考え尽くした「ローリスクで儲けを生み出す方法」

不動産投資の良いところは、学歴や職歴にかかわらず、投資する物件選びと出口戦略さえ間違えなければ絶対に勝てるという点です。

新築が良いのか、中古が良いのか。どのような立地が良いのか、過去のレントロール（家賃明細表）を見ながら物件の良し悪しを判断します。儲かる物件と儲からない物件の違いを調べ上げ、より利益率の高い物件に投資する。そんなふうに不動産投資で儲けを生み出すノウハウを着々と積み上げていきました。

同時に僕は、ここにいてもやっぱりチャック・バスのようなセレブな生活は手に入らない――そう思ってもいました。会社に雇われている限り、どんなに頑張っても手に入る成功には天井がある。サラリーマンとして数年間働いたことで、そのことを身を持って知った僕はほどなくしてこの会社を辞職します。

辞めてどうしたのか。僕はまず、この時までに自分なりに考えた勝つための不動産投資を実践することにしました。物件を購入し、不動産投資について自分で経験と実績を積み上げていくことにしたのです。

詳しくは2章以降で説明していきますが、僕の不動産投資の手法にはいくつかのポイントがあります。

まず、投資に最適な物件選びについては「中古物件」に目を向けることです。中古物件は、新築物件のように多額の広告宣伝費や「新築プレミアム」の金額が上乗せされておらず、高収益を実現しやすいのが特徴です。重要なのは支出を極力抑えつつ、高い収益性が見込める優良な物件を見つけることです。

ほとんどの人は本物志向で完璧な物件を欲しがる傾向にあります。例えば立地良し、新築もしくは築浅物件で、家賃がしっかり取れるもの。しかし、最良物件と言われている物件にも僕からすれば欠点があります。それは全部揃っているがゆえに「値段が高い」という点です。

そのような物件に手を出して利回りがないとなれば、本末転倒です。また利回り5%などは僕からすればおいしくありません。

利回りの良い物件を見つけるには、一つくらい欠点のある物件を安く手に入れて投資をすることです。良い物件は誰でも欲しい。だから高い。だったら欠点はあるけれど稼げる物件を狙うのです。これは投資で利益を生み出す上で重要なポイントです。

## 僕が大切な人に勧めたい投資物件の選び方

こういったノウハウを一つずつ実践していくなかで、僕の考え方に共感してくれる仲間が集まってくるようになりました。そこで、最初に出会った3人の仲間と僕は会社を立ち上げることにします。最初は自己所有の物件管理を中心に行っていましたが、徐々に業者同士の投資用不動産の売買から仲介まで事業を拡げていきました。

立ち上げ当初は「半月くらい仕事して、全員が毎月100万円ほど持って帰れたらいいな」と話していたほどでしたが、数カ月後には僕のノウハウで全員がそれ以上の収入を得られるようになっていきました。

次第に僕は、過去の自分と同じようにお金に苦労している人たちに、僕が良いと思った物件を紹介してあげることにしたのです。

お勧めした物件は「中古アパートの一棟投資」。区分ではなく一棟に投資することで、空室リスクを軽減し、継続的に安定した収益を手にすることができるからです。投資適格性に優れた中古アパートは、実は数多く存在しています。そうした穴場物件に着目することこそが、リスクを抑えて儲けを生む最大の近道なのです。

物件を紹介した人たちからは「管理もやってほしい」と言われたので、投資用不動産の管理も行うことにしました。事業が拡大するにつれ、3人で始めた会社も今では30人を超えるまでになっています。

実は不動産投資は、物件選びもさることながら管理方法、そして売却までを見込んだ出口戦略も大事です。欠点のある物件は、長く持たずに売却時期を決めて回すことも選択肢の一つとして考えられます。

これらは僕の編み出した不動産投資で勝つための投資手法で、タイトルにあるように、名付けて「レアボロ不動産投資」です。レア（希少）でボロい物件を見つけて投資するため、レアボロ不動産投資なのです。

投資家たちは皆、この手法による不動産投資で堅実に利益を得ることができています。相談件数があまりに多いので、僕は今回このレアボロ不動産投資のノウハウを本にまとめることにしました。

次章からはそんな僕がこれまでに身に付け、実益を上げてきた具体的なノウハウについて、できるだけ分かりやすく詳述していきます。

# 第2章

# 自ら立ち上げた不動産会社は、会員顧客からのクレームゼロ。会員全員プラス収支。不動産投資でまず大事なのは「儲かる物件探し」だ!!

## 金があっても不動産投資のことを正しく理解できていない投資家が急増中

近年、多くの人が「投資」に関心を持ち始めています。

その背景には、少子高齢化による日本経済の落ち込みや、社会保障や年金に関する将来への不安、さらには仕事やライフプランの変化などが挙げられます。特にこれからは、会社や国に頼るのではなく、自分自身で資産を作らなければなりません。

かつてのように一定の人生プランが設計され、それに沿って着実に努力を重ねていけば老後は安泰という時代ではなくなりました。事実、60歳だった定年は65歳へと延長され、より長く働くことを余儀なくされています。

また、もらえる年金の額も減少傾向にあります。若い世代の人は年金がもらえるかどうかすら分かりません。退職金についても同様で、勤めている企業の状況がどうなるのかは誰にも予想できませんし、場合によっては会社がなくなってしまう可能性すらあるでしょう。

## 老後資金に関するデータ

### ■高齢夫婦無職世帯の家計収支

（夫65歳以上、妻60歳以上月額ベース）

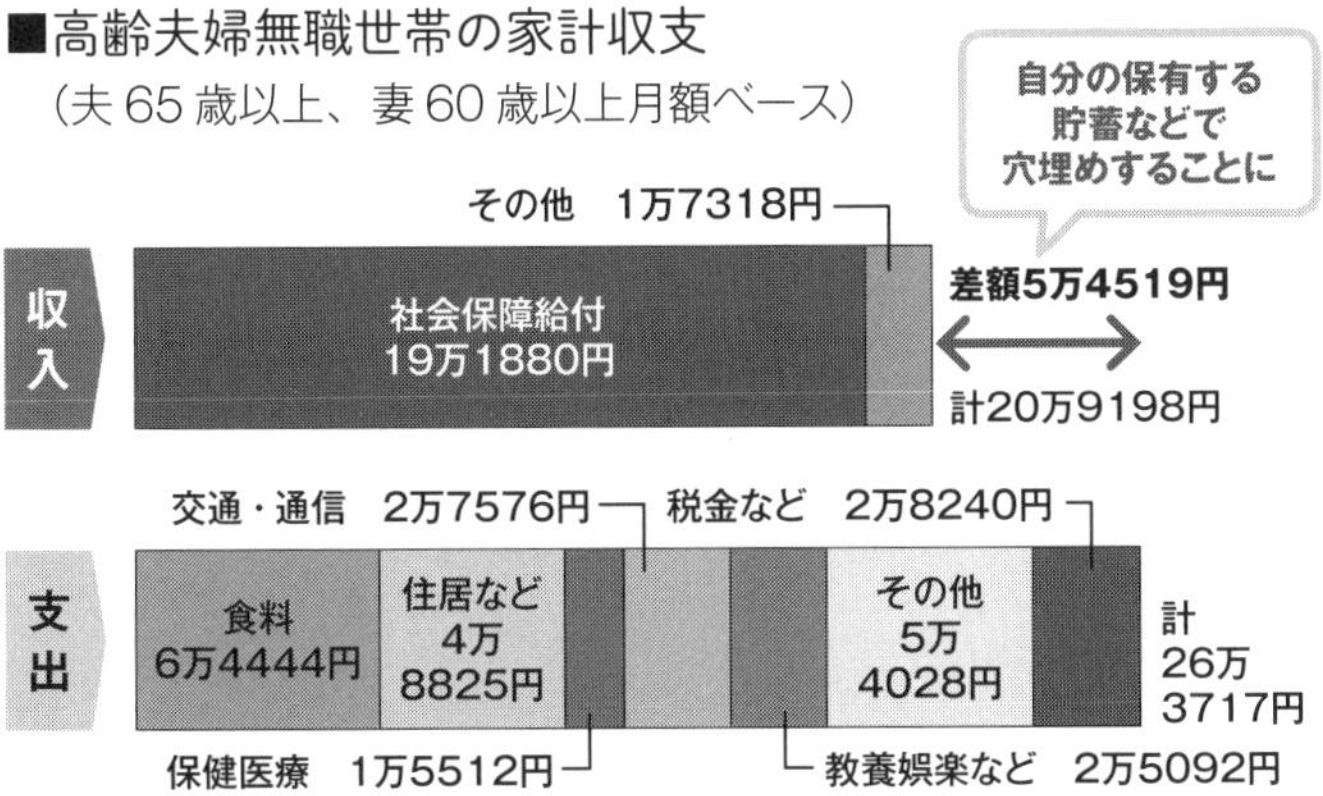


出典：総務省統計局「家計調査年報（家計収支編）平成29年（2017年）」を基に作成

### ■世代別、現在の金融資産額と老後への備え

| | 現在の金融資産額（平均値） | 老後の備えとして十分な金融資産と自ら想定している金額 | 差額 |
|---|---|---|---|
| 20代 | 244万円 | 2,333万円 | −2,089万円 |
| 30代 | 494万円 | 2,906万円 | −2,412万円 |
| 40代 | 780万円 | 3,093万円 | −2,313万円 |
| 50代 | 1,132万円 | 3,424万円 | −2,292万円 |
| 60〜70代 | 1,830万円 | 3,553万円 | −1,723万円 |

出典：メットライフ生命保険「『老後を変える』全国47都道府県大調査、平成30年（2018年）」を基に作成

不動産投資を行う人の中には、そうした危機感を早くから持ち、資産形成の手法を模索している人が少なくありません。その点において不動産投資家というのは、危機管理能力が高く、また先見性があると言えるかもしれません。

ただその一方で、不動産投資のことをよく理解しないまま、手を出す人もいるようです。残念ながらインターネットやセミナーなどで表面的な部分についてだけを知り、理解した気になっている人も、一定数存在しています。

それは必ずしも、不動産投資家本人にだけ責任があるのではありません。適切な需要に基づかない物件の建設を進め、強引に売り抜く業者がいるのも事実です。それでも売れてしまうのが、これまでの不動産投資市況だったのでしょう。

また、銀行をはじめとする金融機関の融資が積極的に行われていたことも、不動産投資家の理解を妨げていた可能性があります。不動産業者の指示どおりに行動すれば、それで融資が受けられるという状況は、理解の促進につながりません。

現在では、不動産投資に関連する融資の状況が厳しくなりつつあります。不動産投資関連の不祥事が相次いだことに加え、金融当局も厳しい目を向けるようになった今、不動産投資の融資を受けるハードルは上がっています。

とはいえ、必ずしも融資審査が厳格化されたとは限りません。需要があるところに対しては積極的に融資したいと考えている地方銀行も少なくないでしょう。つまり理解が不十分な不動産投資家が増えるリスクは残ります。

いずれにしても、不動産投資のことを正しく理解しないまま投資をすると損をするのは自分自身です。まずはそのことを自覚し、準備をしっかりした上で取り組むことの重要性を認識するようにしてください。

それが結果的に、不動産投資の成功確率を高めることにつながるのです。

## 頭でっかちの不動産投資理論で失敗してしまう理由

ミドルリスク・ミドルリターンが期待できる不動産投資は、株式投資やＦＸ、さらには暗号資産のような投機的投資より、安定的に資産形成を行うことができます。正しい知識を得て、正しい方法で取り組めば、着実に資産を増やすことができるのです。

ただし、不動産投資で成功する人がいる一方で、もちろん失敗する人もいます。大切なのは、どのような事柄が原因で失敗するのかを知り、そのポイントを未然に避けて投資することです。

では、不動産投資で失敗してしまう理由には、どのようなものがあるのでしょうか。

代表的なものとして挙げられるのは、不動産投資にまつわるリスクをきちんと把握せずに着手していることです。どの投資も同様ですが、リターンが得られるものには必ず何らかのリスクが潜んでいます。

投資をしない人の大半はリスクそのものを避けているのです。しかし、リスクを避けているばかりではリターンを得ることはできません。安全性の高い銀行預金ではほとんどリターン（利息）が得られないように、リスクとリターンは比例しているのです。

その点、闇雲にリスクを避けるのは得策ではありません。大切なのはどのようなリスクがあるのかをあらかじめ把握し、その上で適切な対策をとることです。だからこそ、リスクを認識していない人は失敗する傾向にあるのです。

不動産投資にまつわるリスクの代表は「融資」に関するものです。融資とはつまり、銀行をはじめとする金融機関から〝借金〟をすること。この借金するということ自体が、多くの人にとってのリスクであり、かつハードルとなっています。

融資を受けるということは、返済義務が伴います。たとえ想定したとおりに家賃収入が得られなかったとしても、返済はしていかなければなりません。その点を甘く見ていると、失敗する不動産投資家になりかねないのです。

もちろん、融資を受けること自体が悪いのではありません。むしろあらゆる事業がそうであるように、融資を受けて投資をし、利益を上げていくことはビジネスの基本です。ただし、そこに採算性が問われるということを忘れてはなりません。

そして投資というものは、想定どおりに進まないことも多くあります。つまり、不測の事態に対応できるだけの体制を整えておくか、あるいはそのような事態をも想定して準備しておかなければ、健全な投資は難しくなります。

果敢に挑戦することは大事ですが、詰めが甘いと大きな負債だけが残ることになってしまいます。投資に失敗した人の末路についてあらためて言及する必要はありませんが、そこにリスクが潜んでいるという点は意識しておくべきです。

不動産投資に関するその他のリスクについては、3章以降でも詳しく取り上げています。リターンの裏にはリスクがあるということを理解し、そのリスクを避けつつ、できるだけ失敗しにくい投資を実現していきましょう。

失敗を避けるということは、成功に近づいていくことを意味しています。

## 不動産投資で成功する人・失敗する人の特徴

不動産投資で成功する人と失敗する人には明確な違いがあります。その違いをあらかじめ把握しておけば、どのような投資を行えばいいのかが見えてきます。

まず、不動産投資に失敗する人の特徴についてです。不動産投資で失敗する人には、いくつかのタイプがあります。

一つ目は、「他人の話を鵜呑みにしてしまうケース」です。不動産投資業者の営業マンやその他の関係者、さらには知人や友人の話を真に受けて不動産投資を始めてしまうと、失敗する可能性が高まります。

では、なぜ他人の話を鵜呑みにすると失敗してしまうのか。その理由は、不動産投資の仕組みとその全体像を正確に理解していないため、何が正しくて何が正しくないのかを自分の頭で判断できなくなってしまうからです。

これは不動産投資に限った話ではありませんが、自分の頭で判断できないものは非常に危険です。最終的に、他人の言いなりになって物事を進めざるを得ないためです。それでは、他人の利益を中心に投資が行われてしまっても仕方ありません。

本来であれば、投資判断は自分で行うべきです。他人の意見を参考にすることはあっても、最終的な判断を自分で行えるだけの知識がなければ、自分のペースで投資を行うことはできません。それでは、成功確率が高まるはずがありません。

二つ目は、「短期的な思考で投資をしてしまうケース」です。そもそも不動産投資は、中長期的な不動産の運用がベースとなっています。もちろん1年以内という短期で売却することもありますが、それはあくまでも例外であり、基本は中長期で物件を保有します。

そうなると、短期的な思考ではなく中長期的に物事を考えていく必要があります。「向こう5年間の市況はどうなるか?」「経済や社会にどのような変化が生じるか?」「この不動産を保有することで資産状況はどうなるか?」などです。

こうした視点を持たないまま不動産投資をすると、自分が保有している物件の状況を正確に把握することができません。その結果、近視眼的な視点で投資判断をすることになり、チャンスを逃したり失敗したりすることになりかねないわけです。

つまり、不動産投資に成功している人というのは、不動産投資の仕組みをきちんと勉強し、理解し、その上で自分の頭で考えられる人と言えるでしょう。加えて常に勉強することを怠らず、情報収集にも余念がないことも大切です。不動産投資を取り巻く状況は常に一定であるとは限りません。むしろ状況は、時々刻々と変化していくのが普通です。その変化についてもチェックしておく必要があります。

このように考えると、不動産投資の勉強をして仕組みを理解している人こそが不動産投資に成功しているのだと分かります。そしてその点を徹底できるかどうかが、不動産投資の成否を分けることになるのです。

どこまで真摯に、どこまで真剣に取り組めるかが、自分自身の資産状況を左右することになります。その点を意識し成功する人になりましょう。そのためのヒントを本書で紹介していきます。

## 不動産投資で成功するとはどういうことか？

ここであらためて、不動産投資で成功するとはどういうことなのか、その定義について考えてみましょう。成功の定義を明らかにしておかないと、とにかくお金を増やすことだけを考えてしまい、結果的に適切な投資判断がしづらくなってしまいます。

不動産投資に限らず、あらゆる投資や事業には目標設定が欠かせません。目標を設定しているからこそゴールが明確になるのであり、ゴールがあればそこから逆算して戦略・戦術を構築することができます。それが意思決定に反映されていくわけです。

一方で、どんなゴールを描いているのか明確でないまま不動産投資を始めてしまうと、逆算して考えることができず、意思決定にブレが生じやすくなります。それはつまり、判断軸が定まっていないということであり、選択が移ろいやすいということを意味します。

結局のところ、投資というのは選択の連続です。不動産投資であれば「どんな物件を購入するのか?」「どのように管理・運営するのか?」「どのタイミングで売却するのか?」など、一つひとつの選択が最終的な利益につながります。

それらの選択のベースとなる判断軸がブレてしまうと、状況に応じて意思決定の方向性が変わることとなり、一貫性のある投資ができません。最終的にはチグハグな投資を行うことになりかねず、成功確率もまた低下していくことになるわけです。

だからこそ、不動産投資における成功についてあらかじめ定義しておくことが大切です。自分がどこを目指しているのか、不動産投資で何を実現したいのかを明確にし、きちんと成功の定義を言語化できるようにしておくべきです。

では、不動産投資における一般的な成功にはどのようなものがあるでしょうか。通常、不動産投資を行う第一の目的は「資産の構築」です。不動産投資によって資産形成を実現することが、何よりも重要となります。

そうなると、資産を構築できない不動産投資は意味がないことになります。第3章の前半でも詳しく解説しますが、次のような理由で不動産投資をすることは、本来の目的とはズレていると認識すべきでしょう。

- **年金代わりにするため**
- **保険代わりにするため**
- **税金対策（節税）のため**

もちろんこれらの利点も不動産投資ならではの特徴ですが、それは物件の収益が問題なく得られていてこそ価値のある事柄です。もし、不動産投資本来の収益がきちんと得られていないのであれば、本末転倒です。

特に、日本国内で不動産投資を実践するのであれば、意識するべきは、やはり「利回り」です。不動産の資産価値も重要なのですが、バブル期のように大きく値上がりすることはほぼありません。その点、売却益（キャピタルゲイン）は狙えません。

そうではなく、きちんと利回りを確保できる物件を購入することが、不動産投資における一つの成功となるでしょう。そのためにはどのような物件を、どのような地域で購入するべきなのかを押さえておく必要があります。

まずは、自分自身が不動産投資で何を目指すのかを明確にすること。その上で、日本市場における成功の秘訣「利回り」について知っておくこと。この二点についてしっかりと学んでおきましょう。

# あらためて考える不動産投資のメリット・デメリット

不動産投資における成功についてあらかじめ定義し、正しい知識を得た上で適切に実践していけば、不動産投資ほど堅実に資産を積み重ねられる投資はありません。事実、世界中のお金持ちは、何らかの不動産投資を実践しているものです。

これまでの話を踏まえつつ、そんな不動産投資のメリット・デメリットについて確認しておきましょう。どのような点でメリットがあり、どのような点がデメリットであるのかを理解しておけば、投資スタンスが明確になるはずです。

ほかの投資と比較したとき、不動産投資の代表的なメリットとして挙げられるのは、まず「手間がかからない」ことでしょう。不動産投資は物件さえ購入してしまえば、管理・運営を専門の業者に委託することができます。その点、やるべき作業は限定的です。

もちろん、入居状況や入居者の月々の収支状況などを確認する必要はありますが、入居対応や契約、物件の清掃等は、基本的に必要ありません。自分で行うというよりは、管理会社に任せてしまうのが普通だからです。

一方で、株式投資やＦＸなどの投資は、常に投資状況をチェックしておかなければなりません。デイトレードをしている人であれば、それこそ一日中パソコンに張り付いていなければならず、取引時間外でも情報収集が必要となるでしょう。

このように、必要となる手間や労力を考えると、不動産投資はほぼ〝不労所得〟であると言っても過言ではありません。不労所得とは、労働収入との対比でよく用いられる言葉であり、自ら働くことなく自動的に収益を生む仕組みのことです。

その前提として正しい投資判断が必要になるのは言うまでもありませんが、正しい知識を得て適切に投資を行えば、不動産投資ほど堅実な投資手法はほかにないと言えます。そのことは多くの資産家がそうであるように、歴史が証明しています。

そのほかにも不動産投資には、「レバレッジが効く」という利点があります。レバレッジとは「てこ」のことです。つまり自らが有している信用力を「てこ」に融資を受け、大きなお金を投資し、資産形成ができることを意味します。

株式投資にも信用取引などでレバレッジを効かせることはできますが、不動産投資関連の融資ほど投資金額を大きくすることは難しく、また安定性も劣ることが多いのです。何より、不動産と違って現物資産を獲得できません。

では、不動産投資のデメリットについてはどうでしょうか。代表的なものとしては、利回りにも影響する「空室リスク」と「滞納リスク」です。

空室リスクとは、入居者を得られずに空きができてしまうことです。空きができると、家賃収入が滞ってしまいます。そうなるとローン返済にも影響が及ぶことになるため、できるだけ空きができない物件を選ぶ必要があります。

また滞納リスクとは、入居者はいるものの、その入居者が支払う家賃が滞納されているケースです。滞納を防ぐためには、管理会社ときちんと連携し、事前に対策を講じておくことが重要です。リスクを未然に防ぎつつ、デメリットをカバーしていきましょう。

## 近年における不動産投資の概況

不動産投資に関する近年の動向としてまず着目しておきたいのは、「サブリース問題」についてです。不動産業界では、投資スキームの一環としてサブリースの使用が一般化されていました。その問題点が、ここ数年で一気に表面化したわけです。

## サブリースの仕組み

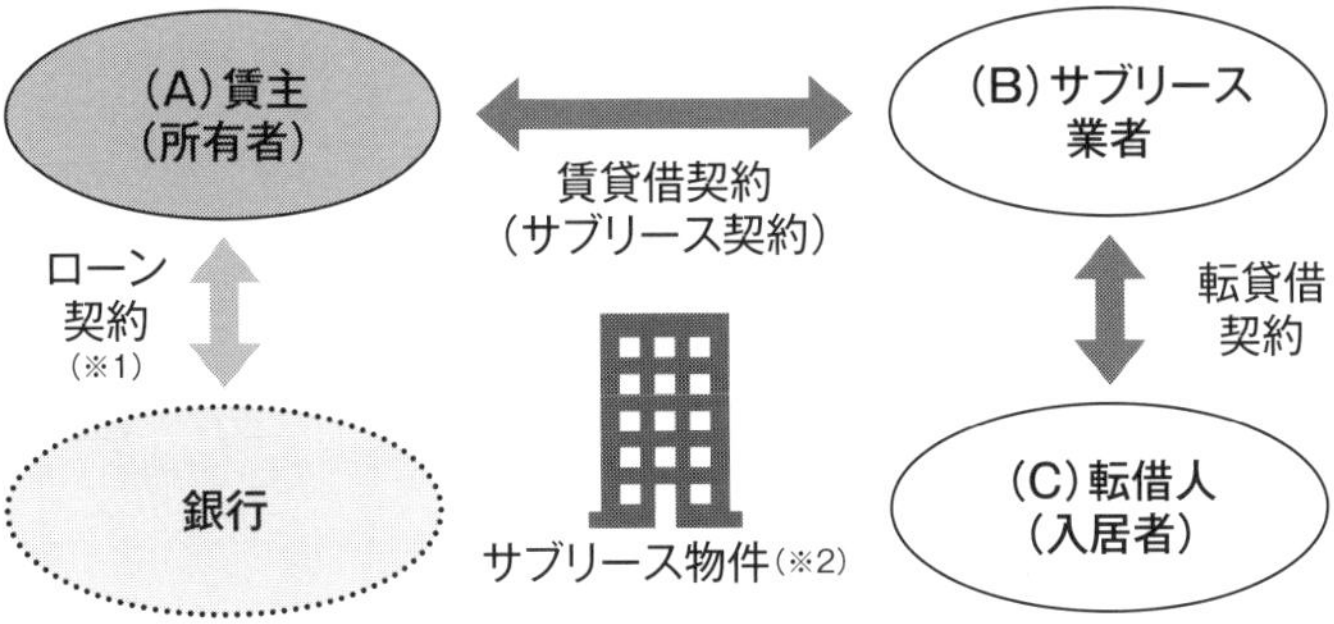


※1）サブリース物件の取得（購入・建設）のために必要となる場合に、ローンを設定する場合があります。
※2）サブリース業者に建築してもらった物件を購入する場合もあります。

出典：金融庁・消費者庁・国土交通省「アパート等のサブリース契約で特に覚えておきたいポイント例」を基に作成

そもそもサブリースとは、資金や土地を提供する不動産投資家の代わりに、不動産業者が一定の家賃を保証しつつ、管理運営を行う仕組みです。その多くは、土地を保有する個人が建てたアパートを、建物ごと借り上げる契約方式となります。

法的な観点からすると、サブリースの仕組みはいわゆる〝転貸〟になります。転貸とは所有者（A）から物件を借りた人（B）が、その物件をまた別の誰か（C）に貸すというものです。サブリースの場合、Bに不動産業者が入ることとなります。

不動産投資家にとってサブリースの仕組みは、利益の源となる家賃を保証してくれるものなので安心材料になります。当然のことですが、通常入居者がいなければ家賃収入は得られません。そしてそれが不動産投資における最大の懸念材料となるわけです。

考えてみてください。家賃収入が得られないということは、そこからローン返済額（元金＋利息）を捻出することはできませんから、自らの資金で支出しなければなりません。つまり不動産投資だけで見ると赤字の状況です。

赤字にならないためにも、安定的に入居者を獲得し、家賃収入を得ることは不可欠です。そのように考えると、入居状況にかかわらず家賃が保障される家賃保証は、不動産投資家にとって非常に魅力的なオプションであると言えるでしょう。

しかし、良い話には裏があるというのが世の常です。物件の入居状況にかかわらず一定の家賃が保証されるということは、不動産業者が入居状況の波（リスク）を負うことにほかならず、どこかに落とし穴が用意されていると考えるべきです。

つまり「入居状況が想定以上に悪くなったら、サブリースを提供している不動産業者はどうするのか？」という発想を持つことが大切です。そのような発想があれば、サブリースの良い面だけでなく、悪い面にも目を向けることができます。

事実、サブリースで失敗している投資家の多くは、「契約後に条件が変更されてしまった」

「家賃保証が打ち切られてしまった」などといった問題に悩まされています。もちろん業者の姿勢に問題があるのですが、リスクを負うのは不動産投資家本人なのです。

そのような罠に引っかからないためにも、「うまい話の裏には落とし穴がある」と理解し、不動産投資そのものの仕組みに立ち返るべきでしょう。入居者が得られるかどうか、家賃収入をきちんと確保できるかどうかは、やはり物件で判断するべきです。

そして、あらゆる投資には１００%安全ということはありません。リスクがあるからリターンがあるのであり、その点を誤解しないようにしてください。今後はサブリースも減っていくと思われますが、同様の話に惑わされないことが大切です。

サブリース問題が収束するにしたがい、業界全体の膿も出されようとしています。これからは健全に事業を行っている不動産業者と、きちんと成果を出せる不動産投資家が残る時代になるかもしれません。

# 不動産投資市況の今後について

不動産投資に対する否定的なニュースが増えている昨今、これから不動産投資を始めることに不安を感じている人も多いことでしょう。たしかに不動産投資に失敗している事例が目に付きやすくなっているのは事実ですが、だからこそチャンスがあるとも言えます。あらゆる投資やビジネスは失敗する人と成功する人がいます。そしてその成否を分けるのは、基本的な知識を身に付けているかどうかと、正しい行動が取れているかどうかに集約されます。つまり、大事なのは原理原則です。

不動産投資も同様で、原理原則に基づいて意思決定を行い、行動していれば、それに応じた結果が得られます。失敗している人の多くは、どこかの段階で原理原則から外れており、失敗するべくしてしているのです。

そして、その原理原則の一要素となるのが市況です。市況とはつまり不動産を取り巻く経済状況のことですが、そこには大局観が求められます。より噛み砕いて言うと、「これから先、日本経済はどうなるのか？」という視点です。

## 労働力人口の推移

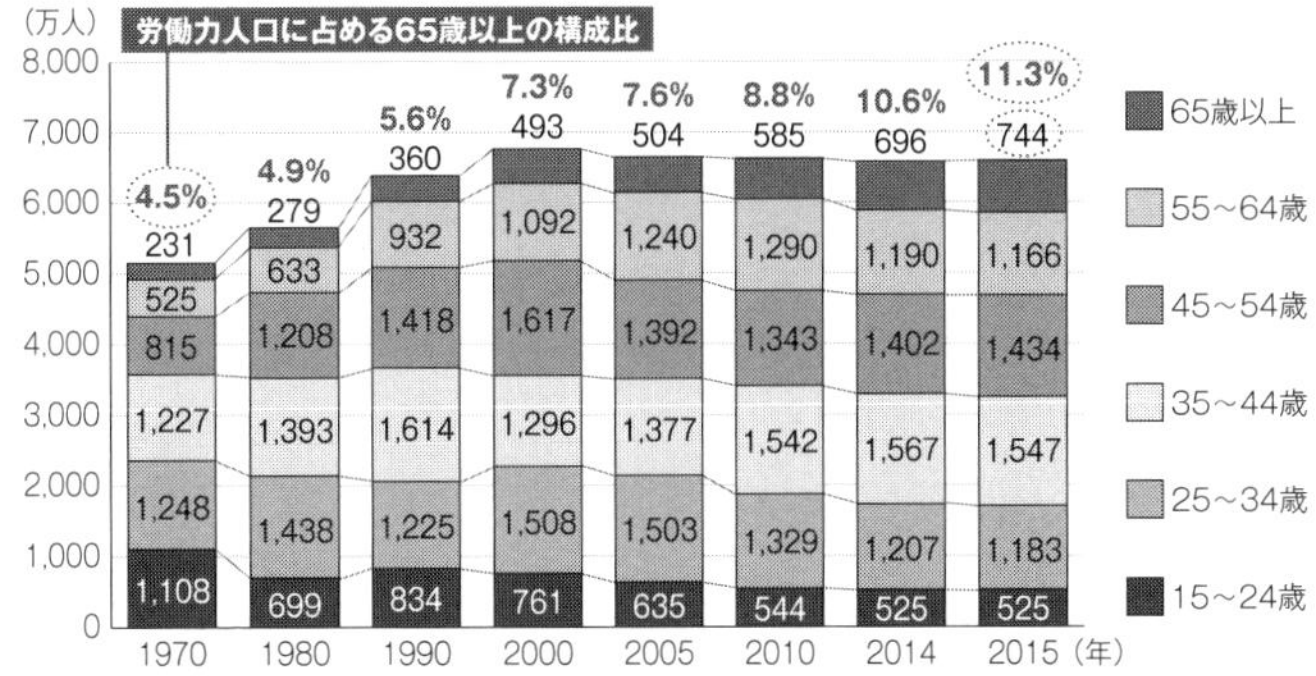


(注)「労働力人口」とは、15歳以上の人口のうち「就業者」と「完全失業者」を合わせたものをいう。
1970年は沖縄県を含まない。

出典:総務省統計局「労働力調査(基本集計)平成27年(2015年)」を基に作成

未来を正確に予測することは不可能ですが、どのような方向に向かうのかをイメージすることは可能です。事実、そのための材料はたくさんあります。例えば人口の推移。経済活動も住まいも人口に大きく影響されていることは言うまでもありません。

特に日本の場合、世界でも高い水準にある少子高齢化の進行により、高齢化と人口減少は避けられそうにありません。つまり、社会全体として高齢者が増えていくことと、人口そのものが減っていくことは、一つの事実として捉えられるわけです。

不動産という観点からは、まず住まいとしての需要が少なくなっていきます。すでに地方では空き家問題が深刻になっているように、これから先、不動産需要は都市部に集中していくことでしょう。その点に関しても知っておくことが大切です。

事実、２０１９年時点で都市部の不動産価格は高騰しています。東京都心はもちろんのこと、周辺都市でも駅近物件を中心に価格が上昇し、高止まりしているのが現状です。この先もしばらくは高水準で推移していくと予想されます。

その根拠となるのは、やはり２０２０年の東京オリンピック・パラリンピックでしょう。すでに会場の建設やインフラの整備、さらには外国人観光客の誘致も進んできています。建設業や旅行業は非常に活況です。

国内産業が伸び悩んでいる日本において、インフラの整備という〝経済の土台〟と外国人観光客という〝外需〟は、未来の不動産投資を占う大きなポイントになるかもしれません。少なくともそれらが景気に与える影響は大きいでしょう。

あとは、オリンピック・パラリンピック後にも活用されるようなレガシーをいかに残せるかがカギとなります。その点においては、今後の動向について引き続き注視していく必要があると言えそうです。

## 不動産投資は「儲かる物件」のポイントを押さえることが成功につながる

不動産投資にまつわる成功と失敗、そしてメリットやデメリット、さらには原理原則などを学んでいくと、不動産投資の全体像が見えてきます。その上で、自身の状況と目標設定に基づく戦略と戦術を明確にし、正しく実践すれば、より成功確率が高まります。

そもそも、不動産投資にはいくつかの種類があります。具体的には「建物」「規模」「建物の状況」「地域」という4つの観点から、不動産投資を分類することが可能です。

これらの分類が不動産投資にどのような影響を及ぼすのかを考慮しておくことで、投資の精度は確実に高まります。むしろ、これらの違いを理解していなければ正しい投資スタンスを取ることはできないと考えておいたほうがいいでしょう。

次に、具体的な相違点について見ていきましょう。

まず、建物の種類については、大きく「アパート」と「マンション」があります。不動産投資の基本は、集合住宅に投資して入居者を獲得し、家賃収入を得ていくものです。そ

## 不動産投資の分類

| | |
|---|---|
| 【建物】<br>アパート<br>マンション | 【規模】<br>一戸（区分）<br>一棟 |
| 【建物の状況】<br>新築<br>中古 | 【地域】<br>都心<br>地方 |

のため、集合住宅としてのアパートとマンションが挙げられます。

また、購入する規模に関しては「一戸（区分）」と「一棟」があります。通常、アパートへの投資は一棟となり、マンションの場合は一戸も一棟もあり得ますが、購入価格の面で区分での販売が主流です。そのため、アパートへの投資にはそれなりの資金が必要となります。

ただ、区分投資は少額でも始められる反面、投資効率の点で一棟投資に劣ります。なぜなら一棟投資であれば不動産投資にかかる管理費や修繕費を分散できますが、区分投資では一戸を所有するごとに負担しなければなりません。

加えて、一棟投資では建物全体としての空室率を計算に入れて投資戦略を構築できるものの、区分投資では「空室＝家賃収入ゼロ」という状況になってしまいます。建物全体としての投資ができないのは、投資効率としても劣るわけです。

別の視点からも考えてみましょう。建物の状況としては「新築」と「中古」があります。新築の不動産価値は、購入してからの下落率が大きいという特徴があります。なぜなら建築費用やデベロッパーなど建築会社の利益に加え、販売会社の営業利益、さらには物件を販売するための高額な広告宣伝費なども上乗せされているからです。それらは「新築プレミアム」と呼ばれており、その分、投資適格性は劣ります。当然、利回りも下がる傾向にあります。

一方の中古物件は、利回りは高くなる傾向があるものの、建物の経年劣化に注意が必要です。購入する際には建物本体はもちろん、設備関連の経年劣化に注目しつつ、投資を判断していく姿勢が求められます。

最後に「都心」と「地方」についてはどうでしょうか。大きな違いとして挙げられるのは価格と人口です。人口が多い都心は入居者を獲得しやすい分、物件価格は高くなります。反対に地方は人口が少ない分、物件価格は安くなります。

そのような違いがあることを認識した上で、不動産投資をしていくことが大切です。重要なのは一つの視点から物件を精査するのではなく、複数の視点からメリット・デメリットを見極め、適切な判断をしていくことでしょう。

## 不動産投資は「中古物件」で始めるべき

不動産投資の種類とそれぞれの特徴について理解した上で、僕がお勧めするのは何と言っても「中古物件」です。中古物件の中でも特に「中古のアパート」は、地域を問わず、投資に最適な物件がたくさんあります。

現状、問題となっている不動産投資の多くは、新築物件を取り扱っているものです。サブリース問題のところでも触れているように、新築物件を購入して運用していくと、どうしても失敗する確率が高まってしまいます。

前述したように、新築物件にはさまざまな費用が上乗せされています。それだけ余計な価格が上乗せされているにもかかわらず購入者がいるのは「新築プレミアム」という価値だけで入居者を獲得しやすいという利点があるからです。

特に、日本人は新しいものを好む傾向が強く、中古よりも新築のほうが価格も高くなっています。諸外国では長く使われている不動産のほうが価格が高いケースもあり、日本人の嗜好とは異なる部分があるようです。

さて、そのような日本人なりの傾向があるにもかかわらず、中古物件に投資するべき理由は、投資効率が良いことに尽きます。不動産投資で購入する物件は、基本的に自分で住むためのものではありません。まずはその点を誤解しないようにしてください。

また、購入した物件は賃貸に出すわけですが、現存する賃貸物件の多くが新築でないことはご存じのとおりです。つまり中古であっても、立地や家賃、物件の状況が良ければ問題なく入居者を獲得できるということです。

すでに述べているように、日本における不動産投資の肝は「利回り」になります。つまり、いかに安定的に入居者を獲得できるかどうかが大事なのです。そのような物件を見極めるためにも、中古物件は最適と言えるでしょう。

新築の場合、新しいから入居者を獲得できると思うかもしれませんが、実際に募集をかけてみなければ分かりません。また、運用してからの動向についても、周辺物件の状況を見つつ、運営しながら判断していく必要があります。

しかも、新築プレミアムが上乗せされているため、その分のビハインドを背負いながら投資しなければならないのです。そうなると、これから不動産投資を始める人にとってはハードルが高いと言わざるを得ません。

一方で、中古物件は過去の入居状況が分かります。併せて周辺物件や周辺環境等をリサーチしておけば、どのような推移で投資が進んでいくのかも明確にイメージしやすいでしょう。つまり、より詳細なシミュレーションが可能となるのです。

事前に詳細なシミュレーションができるかどうかは、投資判断の精度に大きく影響します。しかも、現実的な数値でのシミュレーションができるのであれば、より不動産投資の成功確率は高まると考えられます。

マンションよりも価格が安い傾向にある中古アパートは、今後不動産投資の主流になるかもしれません。次章以降で、さらに詳しく見ていきましょう。

# 第3章

## 【レアボロ不動産投資ノウハウ①】

## 自分が住む物件と投資物件は別。狙うは都市近郊のボロアパート一棟買い

## 新築ワンルームマンションは絶対に買ってはいけない

本章では、不動産投資にまつわる具体的なノウハウについて紹介していきましょう。この内容を把握しておけば、投資するべき物件がどのようなものなのかが分かり、その後の投資戦略も立てやすくなるはずです。

前章でも触れたように、不動産投資において新築物件には注意が必要です。こと投資に関しては、新しいということがそのまま投資の成功につながるわけではありません。むしろ投資効率が悪いケースも少なくないのです。

新築が危険な理由を理解するために、あらためて不動産投資の仕組みをおさらいしておきましょう。

そもそも、不動産投資とはアパートやマンションなどの集合住宅を購入し、入居者を得て、家賃収入を獲得する投資手法です。物件の購入には数千万〜数億円が必要となるため、多くの場合は金融機関からの融資を受けて運用していくことになります。

その過程で、家賃収入とローン返済（元金＋利息）を相殺し、残った部分が不動産投資

## 利回りの計算方法

■表面利回り

予想される年間利益（家賃など）
――――――――――――――――――― ×100＝ 表面利回り（%）
投資額（物件の購入価格など）

■実質利回り

予想される年間利益
ー予想される年間諸経費
――――――――――――――――――― ×100＝ 実質利回り（%）
投資額（物件の購入価格など）

出典：SUUMO「【投資用賃貸経営】利回りを基準に収益性を判断する」を基に作成

の運用益（インカムゲイン）となります。

また投資した資金に対し、どのくらいのリターンで運用できるのかを計算したものが「利回り」となります。

インカムゲインの利回りは、大きく「表面利回り（グロス）」と「実質利回り（ネット）」があります。表面利回りとは、年間の家賃収入を物件価格で割ったものであるのに対し、実質利回りは諸経費等（管理費や修繕費、税金等）を考慮した利回りとなります。

・表面利回り（グロス）
年間家賃収入÷物件価格×１００

・実質利回り（ネット）

（年間家賃収入－諸経費）÷（物件価格＋購入時の諸経費）×１００

あらゆる投資において、より利回りが高いほうが望ましいのは当然です。もちろん、利回りが高いということはそれだけリスクもあるということですが、適正な水準であれば、不必要にリスクを恐れる必要はないでしょう。

日本で不動産投資をする場合、新築と中古で異なりますが、表面利回りの水準は約４～10％が基本となるでしょう。もちろん厳しい新築物件であればそれを下回ることもありますし、優良な中古物件であれば上回ることもあります。

その上で、不動産投資家はより高い利回りを実現できる物件を探していくことになるわけですが、もう一つ忘れてはならないのが「イールドギャップ」という概念です。

イールドギャップとは、借入金の金利と投資物件の利回りの差に、返済期間の要素を加えて計算したものです。物件価格だけでなく、購入時に支出したすべての金額を考慮に入れた利回り（ＦＣＲ）から、「ローン定数」を差し引くことで求められます。

ローン定数の計算式は「年間返済額÷総借入金額（残高）」です。例えば、ＦＣＲが８％

でローン定数が6％の場合、イールドギャップは2％となります。

ローン定数は、融資期間が長くなればなるほど小さくなります。そのため、ローン返済期間が長く設定されているとイールドギャップが大きく取れるようになり、キャッシュフローも大きくなります。

単純な投資利回りだけでなく、このイールドギャップがどのくらいあるのかにも着目しておくと、より良い物件を選ぶヒントになるでしょう。

イールドギャップの目安についても、新築と中古、あるいは都心と地方で変わりますが、概ね1・5～2％ほどになるでしょうか。当然、都心の新築であればイールドギャップも小さくなり、投資適格性は厳しくなります。

金融庁や各金融機関など、不動産投資に対する視線が厳しくなる昨今、新築物件は融資付けが難しくなりつつあります。これからは新築マンションに投資するのではなく、中古物件への投資が不動産投資の基本となっていくことでしょう。

## 新築区分マンション投資の危険性とは

新築の中でも、特に危険なのが「区分マンション」への投資です。新築区分マンションは業界の中でもメインで取り扱われていることもあり、不動産投資の最初の一歩として始めてしまう人は少なくありません。

しかしそこに落とし穴があるのです。新築区分マンションをいくつも購入し、入居者が獲得できないばかりか売却もできず、最悪の場合には破産してしまうケースがあります。それだけ新築区分マンション投資は厳しいということです。

では、なぜ新築区分マンション投資は厳しいのでしょうか。その理由はすでに述べているように、利回りが低くなる傾向があることに加え、場合によってはキャッシュフローがマイナスになってしまう可能性があるためです。

思い出してください。そもそも新築物件には新築プレミアムが上乗せされています。それでも入居者を確実に獲得できるならいい、と考える人もいるかもしれませんが、購入価格が大きくなるということは、それだけ運用が厳しくなることを意味します。

表面利回りの計算式が「年間家賃収入÷物件価格×100」であることからも明らかなように、年間の家賃収入が大きいか、あるいは物件価格が安くなければ、利回りは大きくなりません。つまり新築というのは、最初から利回りが低いと想定されている物件なのです。

その上、月々のキャッシュフローがマイナスになる。つまり得られる家賃収入よりローン返済＋諸経費の額が大きくなるとすれば、不動産投資家には持ち出しが必要となります。持ち出しとはシンプルに表現すれば、赤字額の補填です。

本来、利回りが低く赤字になるような対象に投資したいと考える人はいません。しかし、新築区分マンションの営業マンたちは「年金代わりになる」「保険代わりになる」「節税になる」などのトークで、巧みに販売しているのが実情です。

たしかに、それらの理由も不動産投資を始めるきっかけにはなるのですが、裏を返せば「不動産投資そのものの収益は得られないのですが……」という言い訳が透けて見えます。つまり、本来の投資対象としては厳しいということなのです。

この点については何度も強調しておきたいのですが、不動産投資をすることの目的はあくまでも〝収益を得る〟ことです。その点から外れてしまうと、何のために不動産投資をしているのかが分からなくなってしまいます。

目的がブレてしまえば、投資判断にもブレが生じます。それはすなわち、投資のゴールをイメージできていないことと同じであり、かつ自らの資産形成をコントロールできていないのと同じです。それでは投資をする意味がありません。

将来の資産形成のために不動産投資をするのであれば、自分の資産がどこに向かっているのかを考えながら、採算が取れる投資を着実に行うことが大切です。そこから外れている物件は、不動産投資本来の意味を成さないと理解しておきましょう。

繰り返しになりますが、「年金代わりになる」「保険代わりになる」「節税になる」などの営業トークは、キャッシュフローが出ない可能性を示唆しています。そしてそのような物件は、新築区分マンションに多いのです。

まともな投資物件であれば、きちんとキャッシュフローは出るということを忘れないようにしてください。

# 幻想の新築プレミアムに騙されず、実勢価格で購入・売却できる中古物件を

新築と比較した場合、中古物件にはメリットがたくさんあります。なかでも、不動産投資の成否に直結する価格面において、中古物件は非常に優れています。端的に言えば、中古物件には余計な費用が上乗せされておらず、適正価格で購入しやすいのです。

すでに説明してきたように、新築物件にはさまざまな費用が上乗せされています。デベロッパーや販売会社の利益はもちろん、建材費や工賃、広告宣伝費や人件費なども決して小さくありません。それらすべてが価格に反映されています。

そうした物件を購入すると、投資状況はどうなってしまうでしょうか。利回りは低くなり、かつ月々のキャッシュフローはほとんど出ないか、場合によっては赤字になります。

投資適格性という観点から考えても、新築物件を購入するのは得策でないと分かります。不動産投資における投資適格性は、得られる家賃収入が多いか、あるいは物件価格が安いことです。さらに、入居者が安定的に獲得できることが条件となります。

たしかに新築であることは、築年数を気にする入居者へのアピールにはなります。同じ家賃水準であるなら、築年数が古い物件よりも優先的に選ばれる可能性もあると考えられます。しかし、それがいつまでも続くわけではありません。

そうなると、新築プレミアムを支払ってまで新築物件を購入するメリットがどこまであるのかは、投資適格性という観点からも疑問です。むしろ、すでに入居者が付いている優良中古物件を購入したほうがいいのは明らかでしょう。

新築プレミアムのインパクトがどのくらいあるのかをイメージしてもらうために、よくあるケースで考えてみましょう。例えば３０００万円で新築区分マンションを購入し、すぐに売却した場合、どのくらい価格が下落するでしょうか。

もちろん、物件の立地や建物のブランドなどによっても変わりますが、概ね物件価格の20～25％ほど、つまり６００万円前後は下がると考えて間違いありません。要するに、それだけの金額が上乗せされているということです。

二次請けや三次請けというかたちで販売会社に委託している場合は、各社の利益がさらに上乗せされるケースもあります。そのような場合は運用利回りも3％前後がいいところ、投資対象としてかなり厳しいのが分かります。

さらに最近では、住宅だけでなく「新築区分オフィス」というものも販売されています。建物の用途が違うだけなのですが、販売会社の売り方としては区分マンションとそれほど変わらず、投資用として勧めている業者もいるようです。

いずれにしても、新築区分で利益を上げるのは難しく、所有し続けなければ旨味がありません。すぐに売却しても赤字になってしまうので、結局は保有するという選択肢以外、取れないことになります。

そうなると、投資としての柔軟性が失われるばかりか、最初からビハインドを背負っているのと同じことになります。やはり中古物件のように、実勢価格で購入・売却ができる不動産に投資してこそ、不動産投資をやる価値があると言えます。

## レアボロ物件なら投資期間を短くして、早めの出口戦略をとれる

中古物件の中でも特に築古物件であれば、出口戦略までも見越した効率的な不動産投資が可能となります。出口戦略の詳しい内容については以降で紹介しますが、ここでは考え

方の基本的な部分だけ触れておきましょう。

そもそも出口戦略とは、購入した物件を売却するまでのシミュレーションを含めて、採算の取れる投資行動を選択することを指します。端的に言えば、「購入して運用することだけでなく、売却時のことも考えて投資する」のが、出口戦略の基本となります。

多くの場合、投資物件の判断に使われるのは、物件価格と家賃収入をベースにした「利回り」です。特に不動産投資には「表面利回り」と「実質利回り」の大きく二種類があることは、すでに述べたとおりです。

利回りは不動産投資だけでなく、あらゆる投資の判断指標となるものです。利回りがどのくらいあるのかによって、投資家はその投資対象のポテンシャルを測り、また想定されるリスクをイメージします。利回りの高さはリスクの高さを意味するものです。

利回りが極端に大きいにもかかわらず、リスクが極端に小さい投資案件は存在しません。もちろん、インサイダー情報など違法行為に基づくものならあるかもしれませんが、そのような投資案件はルール違反です。不動産投資も同様で、リスクとリターンのバランスを考慮に入れつつ、可能な範囲で利回りを最大化していくことが求められます。

さて、不動産投資における出口戦略に話を戻すと、購入した物件を保有している間に得られる運用益（インカムゲイン）に加え、売却時に得られる売却益（キャピタルゲイン）を加味しつつ、投資対象を選定していくのが出口戦略の基本です。

詳しくは後述しますが、中古物件であればこの出口戦略も短期間で組むことができ、より柔軟な投資を実現することが可能です。新築物件のようにすぐ売却すると赤字になってしまうことが少なく、価格面での資産価値を維持しやすいためです。

もっとも、5年以下の「短期譲渡」の場合は税率が39％と高くなってしまうため、5年を超える「長期譲渡」で20％の税率に抑えておくのが基本戦略となります。目安は5年を一つの基準にしつつ、値動きをウォッチするイメージです。

いずれにしても、インカムゲインもキャピタルゲインも狙えない新築物件を避け、着実に利回りが得られる中古物件を狙っていくのが得策です。出口戦略という観点からも、新築より中古のほうが優れています。

## 儲かる中古物件・儲からない中古物件

中古物件の中にも、狙い目の物件とそうでないものがあります。ここでは、それぞれの違いと見極め方について考えていきましょう。投資するべき中古物件にはいくつかの特徴があります。そのポイントを、あらかじめ押さえておくことが大事です。

不動産投資の基本に立ち返ってみると、儲かる中古物件というのは物件価格が安く、家賃収入が多い物件ということになります。反対に儲からない中古物件というのは物件価格が高く、家賃収入が少ない物件になります。

ただし、物件価格は相場に強く影響されます。相場からかけ離れている物件は、何らかの問題があると考えたほうがいいでしょう。物件価格の基本は相場から導かれるというのが一つの視点となります。

一方で、家賃収入についてはどうでしょうか。詳しくは後述しますが、家賃収入も相場と関連しています。つまり、物件価格も家賃収入も相場という一定の指標から求められるという点を押さえておきましょう。

さて、その上で儲かる物件を見極めるためには、あらかじめシミュレーションしておくことが大切です。つまりどのくらいの物件価格とどのくらいの家賃収入で、どのように利回りを実現できるのかを概算しておくのです。

不動産投資の利回りには、「表面利回り（グロス）」と「実質利回り（ネット）」の二種類があるということはすでにお伝えしました。これらのうち、正確なシミュレーションに必要なのは実質利回りです。

よく不動産投資関連の広告などで「利回り10％」と表示されていることがありますが、その多くは表面利回りです。つまり管理費用をはじめとする諸経費と、固定資産税などの税金が考慮されておらず、あくまでも参考にしかなりません。

例えば、年間の家賃収入が１０００万円の物件を1億円で購入した場合、表面利回りは10％になります。優良な中古物件でもない限り、10％の利回りで運用できる投資物件はそうありません。しかし、表面利回りでならあり得ます。

この物件に、年間の管理費用が１５０万円、税金が同じく１５０万円かかるとしたら、年間の家賃収入は７００万円となり、利回り（実質利回り）は7％まで下がります。費用等を加味しただけで、実に３％も下がってしまうのです。

さらに、購入時に必要となる不動産取得税や登記費用なども加味すると、実際の購入価格は大きくなり、利回りはさらに下がります。例えば、購入時にかかる税金等が１０００万円だった場合、物件価格は1億１０００万円になります。

その結果、物件価格と年間家賃収入（７００万円）を計算すると、利回りは約６・４％となるわけです。表面利回りで計算していた10％より、かなり見劣りするのが分かります。しかし、こちらのほうが正しく投資成績を表しているのです。

実際の事例で見てみましょう。こちらの物件は兵庫県伊丹市にあるものですが、バス便ではあるものの年間家賃収入（満室想定）が１９００万円ほど見込めるため、物件価格が2億５０００万円であれば表面利回りは7％台後半と悪くありません。

しかし、家賃収入から管理費、管理委託料、固定資産税などを差し引くと、収支合計は１６５０万円ほど。そうなると実質利回りは6％台まで下がることになります。このように表面利回りだけでなく、実質利回りでも物件を評価しておくことが大切です。

# 物　件　概　要

<table>
<tr><td colspan="2">物件種目</td><td colspan="9">収　益　物　件</td></tr>
<tr><td colspan="2">物件名</td><td colspan="9">[redacted]</td></tr>
<tr><td colspan="2" rowspan="2">所在地</td><td>住居表示</td><td colspan="8">伊丹市松ヶ丘[redacted]</td></tr>
<tr><td>地番表示</td><td colspan="8">伊丹市松ヶ丘[redacted]</td></tr>
<tr><td colspan="2" rowspan="2">交通</td><td colspan="3">阪急</td><td>線</td><td colspan="2">伊丹</td><td>駅</td><td colspan="2"></td></tr>
<tr><td>バス</td><td>中野大橋</td><td>行</td><td>15</td><td>分</td><td>バス停</td><td>徒歩</td><td>1</td><td>分</td></tr>
<tr><td colspan="2">価格</td><td colspan="9">24,000万円（税込）</td></tr>
<tr><td rowspan="8">土地</td><td rowspan="2">地積</td><td>公簿</td><td>866.53</td><td>㎡</td><td colspan="2">262.12</td><td>坪</td><td colspan="3" rowspan="2"></td></tr>
<tr><td>実測</td><td>－</td><td>㎡</td><td colspan="2">－</td><td>坪</td></tr>
<tr><td>地目</td><td colspan="4">宅地</td><td>権利</td><td colspan="4">所有権</td></tr>
<tr><td>市街化区分</td><td colspan="4">市街化区域</td><td>用途地域</td><td colspan="4">第2種住居地域・第2種中高層住居専用地域</td></tr>
<tr><td>建蔽率</td><td>60</td><td>%</td><td></td><td>%</td><td>容積率</td><td>200</td><td>%</td><td></td><td>%</td></tr>
<tr><td>地域計画他</td><td colspan="9"></td></tr>
<tr><td>道路</td><td colspan="9"></td></tr>
<tr><td rowspan="8">建物</td><td>構造・規模</td><td colspan="9">鉄筋コンクリート造スレート葺6階建</td></tr>
<tr><td>種類</td><td colspan="9">共同住宅・店舗</td></tr>
<tr><td>延床面積</td><td colspan="9">1214.64㎡</td></tr>
<tr><td>築年月</td><td colspan="9">平成10年1月</td></tr>
<tr><td>増改築</td><td colspan="9"></td></tr>
<tr><td>設備</td><td colspan="9"></td></tr>
<tr><td>戸数</td><td colspan="9">3LDK×15戸、店舗×1戸</td></tr>
<tr><td>検査済証</td><td colspan="9"></td></tr>
<tr><td rowspan="7">収益・その他</td><td>現況</td><td colspan="9">賃貸中</td></tr>
<tr><td>入居状況</td><td colspan="9">レントロール参照</td></tr>
<tr><td>現状家賃収入</td><td>年間（管理費込）</td><td colspan="2"></td><td>円</td><td>利回り</td><td colspan="2"></td><td>%</td></tr>
<tr><td>満室家賃収入</td><td>年間（管理費込）</td><td colspan="2">18,918,000</td><td>円</td><td>利回り</td><td colspan="2">7.8</td><td>%</td></tr>
<tr><td colspan="2">路線価</td><td colspan="8">千円／㎡</td></tr>
<tr><td colspan="2">固定資産税</td><td>土地</td><td></td><td>円</td><td>建物</td><td colspan="2"></td><td>円</td></tr>
<tr><td colspan="2">固定資産税評価額</td><td>土地</td><td></td><td>円</td><td>建物</td><td colspan="2"></td><td>円</td></tr>
</table>

| | |
|---|---|
| 家賃 | ¥18,910,000 |
| 管理費等 | ¥2,000,000 |
| 管理委託料 | ¥350,000 |
| ローン返済 | ¥9,643,243 |
| 固定資産税 | ¥250,000 |

| | |
|---|---|
| 収支合計 | ¥6,916,757 |

5年ごとに家賃5%下落想定
空室率は、5%で計算
リフォーム、原状回復費用として毎年50万円を想定

| 8年目 | 9年目 | 10年目 | 11年目 | 12年目 | 13年目 | 14年目 | 15年目 |
|---|---|---|---|---|---|---|---|
| ¥17,964,500 | ¥17,964,500 | ¥17,066,275 | ¥17,066,275 | ¥17,066,275 | ¥17,066,275 | ¥17,066,275 | ¥16,212,961 |
| | | | | | | | |
| ¥898,225 | ¥898,225 | ¥853,314 | ¥853,314 | ¥853,314 | ¥853,314 | ¥853,314 | ¥810,648 |
| ¥500,000 | ¥500,000 | ¥500,000 | ¥500,000 | ¥500,000 | ¥500,000 | ¥500,000 | ¥500,000 |
| ¥9,643,243 | ¥9,643,243 | ¥9,643,243 | ¥9,643,243 | ¥9,643,243 | ¥9,643,243 | ¥9,643,243 | ¥9,643,243 |
| ¥2,000,000 | ¥2,000,000 | ¥2,000,000 | ¥2,000,000 | ¥2,000,000 | ¥2,000,000 | ¥2,000,000 | ¥2,000,000 |
| ¥350,000 | ¥350,000 | ¥350,000 | ¥350,000 | ¥350,000 | ¥350,000 | ¥350,000 | ¥350,000 |
| ¥250,000 | ¥250,000 | ¥250,000 | ¥250,000 | ¥250,000 | ¥250,000 | ¥250,000 | ¥250,000 |
| | | | | | | | |
| ¥4,323,032 | ¥4,323,032 | ¥3,469,719 | ¥3,469,719 | ¥3,469,719 | ¥3,469,719 | ¥3,469,719 | ¥2,659,071 |
| | | | | | | | |
| ¥38,177,159 | ¥42,500,192 | ¥45,969,910 | ¥49,439,629 | ¥52,909,347 | ¥56,379,066 | ¥59,848,785 | ¥62,507,855 |
| ¥ − | ¥ − | ¥ − | ¥ − | ¥ − | ¥ − | ¥ − | ¥ − |
| ¥158,792,552 | ¥150,700,212 | ¥142,526,577 | ¥134,270,830 | ¥125,932,145 | ¥117,509,691 | ¥109,002,625 | ¥100,410,097 |

| 23年目 | 24年目 | 25年目 | 26年目 | 27年目 | 28年目 | 29年目 | 30年目 |
|---|---|---|---|---|---|---|---|
| ¥15,402,313 | ¥15,402,313 | ¥14,632,198 | ¥14,632,198 | ¥14,632,198 | ¥14,632,198 | ¥14,632,198 | ¥13,900,588 |
| | | | | | | | |
| ¥770,116 | ¥770,116 | ¥731,610 | ¥731,610 | ¥731,610 | ¥731,610 | ¥731,610 | ¥695,029 |
| ¥500,000 | ¥500,000 | ¥500,000 | ¥500,000 | ¥500,000 | ¥500,000 | ¥500,000 | ¥500,000 |
| ¥9,643,243 | ¥9,643,243 | ¥9,643,243 | ¥9,643,243 | ¥ − | ¥ − | ¥ − | ¥ − |
| ¥2,000,000 | ¥2,000,000 | ¥2,000,000 | ¥2,000,000 | ¥2,000,000 | ¥2,000,000 | ¥2,000,000 | ¥2,000,000 |
| ¥250,000 | ¥250,000 | ¥250,000 | ¥250,000 | ¥250,000 | ¥250,000 | ¥250,000 | ¥250,000 |
| ¥250,000 | ¥250,000 | ¥250,000 | ¥250,000 | ¥250,000 | ¥250,000 | ¥250,000 | ¥250,000 |
| | | | | | | | |
| ¥1,988,955 | ¥1,988,955 | ¥1,257,345 | ¥1,257,345 | ¥10,900,588 | ¥10,900,588 | ¥10,900,588 | ¥10,205,558 |
| | | | | | | | |
| ¥81,499,957 | ¥83,488,912 | ¥84,746,257 | ¥86,003,602 | ¥96,904,190 | ¥107,804,778 | ¥118,705,365 | ¥128,910,924 |
| ¥ − | ¥ − | ¥ − | ¥ − | ¥ − | ¥ − | ¥ − | ¥ − |
| ¥28,488,398 | ¥19,087,027 | ¥9,591,211 | ¥ − | ¥ − | ¥ − | ¥ − | ¥ − |

# 230,000,000円　築21年

| | |
|---|---|
| 物件金額 | ¥230,000,000 |
| 諸費用等 | ¥20,700,000 |
| | |
| | |
| | |

| | |
|---|---|
| 計 | ¥250,700,000 |

| | |
|---|---|
| 融資額 | ¥220,700,000 |
| 返済期間 | 26 |
| 返済回数 | 312 |
| 借入金利 | 1.000 |
| 月金利 | 0.083 |
| 自己資金 | ¥30,000,000 |

【キャッシュ収支のシミュレーション】

| | 1年目 | 2年目 | 3年目 | 4年目 | 5年目 | 6年目 | 7年目 |
|---|---|---|---|---|---|---|---|
| 収入 | ¥18,910,000 | ¥18,910,000 | ¥18,910,000 | ¥18,910,000 | ¥17,964,500 | ¥17,964,500 | ¥17,964,500 |
| | | | | | | | |
| 空室想定分 | ¥945,500 | ¥945,500 | ¥945,500 | ¥945,500 | ¥898,225 | ¥898,225 | ¥898,225 |
| リフォーム代 | ¥500,000 | ¥500,000 | ¥500,000 | ¥500,000 | ¥500,000 | ¥500,000 | ¥500,000 |
| 返済額 | ¥9,643,243 | ¥9,643,243 | ¥9,643,243 | ¥9,643,243 | ¥9,643,243 | ¥9,643,243 | ¥9,643,243 |
| 管理費等 | ¥2,000,000 | ¥2,000,000 | ¥2,000,000 | ¥2,000,000 | ¥2,000,000 | ¥2,000,000 | ¥2,000,000 |
| 管理委託料 | ¥350,000 | ¥350,000 | ¥350,000 | ¥350,000 | ¥350,000 | ¥350,000 | ¥350,000 |
| 固定資産税 | ¥250,000 | ¥250,000 | ¥250,000 | ¥250,000 | ¥250,000 | ¥250,000 | ¥250,000 |
| | | | | | | | |
| CF（年間） | ¥5,221,257 | ¥5,221,257 | ¥5,221,257 | ¥5,221,257 | ¥4,323,032 | ¥4,323,032 | ¥4,323,032 |
| | | | | | | | |
| 蓄積キャッシュ | ¥5,221,257 | ¥10,442,515 | ¥15,663,772 | ¥20,885,030 | ¥25,208,062 | ¥29,531,094 | ¥33,854,127 |
| 繰り上げ返済 | ¥ － | ¥ － | ¥ － | ¥ － | ¥ － | ¥ － | ¥ － |
| ローン残高 | ¥213,229,580 | ¥205,684,112 | ¥198,062,843 | ¥190,365,010 | ¥182,589,846 | ¥174,736,573 | ¥166,804,406 |

| | 16年目 | 17年目 | 18年目 | 19年目 | 20年目 | 21年目 | 22年目 |
|---|---|---|---|---|---|---|---|
| 収入 | ¥16,212,961 | ¥16,212,961 | ¥16,212,961 | ¥16,212,961 | ¥15,402,313 | ¥15,402,313 | ¥15,402,313 |
| | | | | | | | |
| 空室想定分 | ¥810,648 | ¥810,648 | ¥810,648 | ¥810,648 | ¥770,116 | ¥770,116 | ¥770,116 |
| リフォーム代 | ¥500,000 | ¥500,000 | ¥500,000 | ¥500,000 | ¥500,000 | ¥500,000 | ¥500,000 |
| 返済額 | ¥9,643,243 | ¥9,643,243 | ¥9,643,243 | ¥9,643,243 | ¥9,643,243 | ¥9,643,243 | ¥9,643,243 |
| 管理費等 | ¥2,000,000 | ¥2,000,000 | ¥2,000,000 | ¥2,000,000 | ¥2,000,000 | ¥2,000,000 | ¥2,000,000 |
| 管理委託料 | ¥250,000 | ¥250,000 | ¥250,000 | ¥250,000 | ¥250,000 | ¥250,000 | ¥250,000 |
| 固定資産税 | ¥250,000 | ¥250,000 | ¥250,000 | ¥250,000 | ¥250,000 | ¥250,000 | ¥250,000 |
| | | | | | | | |
| CF（年間） | ¥2,759,071 | ¥2,759,071 | ¥2,759,071 | ¥2,759,071 | ¥1,988,955 | ¥1,988,955 | ¥1,988,955 |
| | | | | | | | |
| 蓄積キャッシュ | ¥65,266,926 | ¥68,025,997 | ¥70,785,067 | ¥73,544,138 | ¥75,533,093 | ¥77,522,048 | ¥79,511,002 |
| 繰り上げ返済 | ¥ － | ¥ － | ¥ － | ¥ － | ¥ － | ¥ － | ¥ － |
| ローン残高 | ¥91,731,249 | ¥82,965,214 | ¥74,111,116 | ¥65,168,069 | ¥56,135,181 | ¥47,011,549 | ¥37,796,262 |

※金利上昇に備えて、累積キャッシュや手出し資金より繰り上げ返済することも一つです。
所有して数年は、税務上の収支がマイナスになる可能性がございますので、税金の還付をお受け取りいただける見込みです。

現況年収　：4,188,000円
表面利回り　：14.44%
ネット利回り　：11%
京都光華女子大学徒歩　：15分
現在、満室賃貸中！！

☆ランニングコスト☆
・管理費　5%/月額
・貯水槽清掃作業　13,824円/月額
・ガス　745円/月額
・電気（洗濯機2台・門灯）　3,500円/月額
・水道　20,250円/月額
・ゴミ収集　13,400円/月額
・J：COM　9,720円/月額
・固定資産税　106,300円/年額
※有料洗濯機収入有。

地図

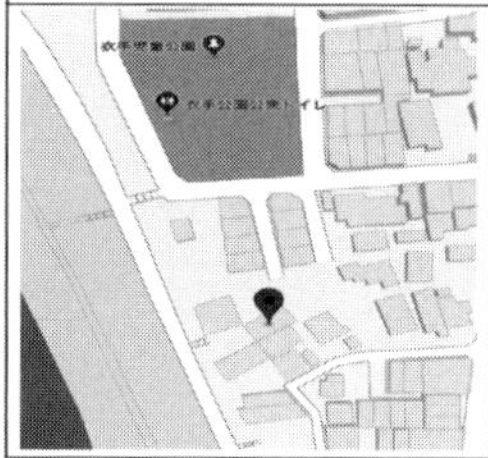

| | | | | |
|---|---|---|---|---|
| 物件種目 | 1棟収益建物 | | | |
| 価格 | 2,900 万円 | | | |
| 所在地 | 京都市 | | | |
| 交通 | 阪急京都線　西京極　徒歩　13　分 | | | |
| 土地 | 地目 | 宅地 | 権利 | 所有権 |
| | 地積 | 公簿 107.45 ㎡ | 私道面積 | |
| | 接道 | 南 側　42条2項又は42条1項3号道路 | | |
| 建物 | 構造 | 鉄骨　造　3　階建 | | |
| | 建物面積 | 延べ　149.61　㎡ | | |
| | | 1F 39.37 ㎡　2F 55.12 ㎡　3F 55.12 ㎡ | | |
| | 築年数 | 平成元年12月 | 間取り | 1K×9戸 |
| 公法規制 | 建ぺい率 | 60　% | 容積率 | 200　% |
| | 都市計画 | – | 用途地域 | 第一種住居地域 |
| | 法令制限 | 準防火地域 | | |
| その他 | 現況 | 賃貸中 | 引渡 | 相談 |
| | 備考 | | | |

一方で、京都市にある物件はどうでしょうか。こちらは物件概要に表面利回りとネット利回り（実質利回り）が記載されており、それぞれ14・44%と11%になっています。物件価格も安く、かなりの高利回りが期待できる優良物件です。

　このような優良物件であれば、入居付けや空室のフォロー、さらには入居者対応をきちんとしている限り、安定的に収益を得ることができるでしょう。

　このように儲かる物件と儲からない物件を知るためには、表面利回りだけでなく、実質利回りでも計算しておくことが大切です。

　その上で立地やエリア、周辺環境、競合物件の数や質などから、より良く望ましい投資

外観

地図

物件を見極めていきましょう。

賃貸需要が高いエリアであれば、築年数が50～60年でも投資としての運用は十分可能です。海外では、立地条件が良いところは築年数１００年でも、すぐに借り手が見つかります。

重要なことは、築年数が古くなっても家賃コントロールで入居者をしっかり確保できる物件を保有することです。

| | |
|---|---|
| 家賃 | ¥4,198,000 |
| 管理費等 | ¥800,000 |
| 管理委託料 | ¥210,000 |
| ローン返済 | − |
| 固定資産税 | ¥105,000 |

| | |
|---|---|
| 収支合計 | ¥3,188,000 |

5 年ごとに家賃 5%下落想定
空室率は、5%で計算
リフォーム、原状回復費用として毎年 22 万円を想定

| 8 年目 | 9 年目 | 10 年目 | 11 年目 | 12 年目 | 13 年目 | 14 年目 | 15 年目 |
|---|---|---|---|---|---|---|---|
| ¥3,988,100 | ¥3,988,100 | ¥3,788,695 | ¥3,788,695 | ¥3,788,695 | ¥3,788,695 | ¥3,788,695 | 3,599,260 |
| | | | | | | | |
| ¥199,405 | ¥199,405 | ¥189,435 | ¥189,435 | ¥189,435 | ¥189,435 | ¥189,435 | ¥179,963 |
| ¥220,000 | ¥220,000 | ¥220,000 | ¥220,000 | ¥220,000 | ¥220,000 | ¥220,000 | ¥220,000 |
| ¥ − | ¥ − | ¥ − | ¥ − | ¥ − | ¥ − | ¥ − | ¥ − |
| ¥800,000 | ¥800,000 | ¥800,000 | ¥800,000 | ¥800,000 | ¥800,000 | ¥800,000 | ¥800,000 |
| ¥210,000 | ¥210,000 | ¥210,000 | ¥210,000 | ¥210,000 | ¥210,000 | ¥210,000 | ¥210,000 |
| ¥105,000 | ¥105,000 | ¥105,000 | ¥105,000 | ¥105,000 | ¥105,000 | ¥105,000 | ¥105,000 |
| | | | | | | | |
| ¥2,453,695 | ¥2,453,695 | ¥2,264,260 | ¥2,264,260 | ¥2,264,260 | ¥2,264,260 | ¥2,264,260 | ¥2,084,297 |
| | | | | | | | |
| ¥20,427,180 | ¥22,880,875 | ¥25,145,135 | ¥27,409,396 | ¥29,673,656 | ¥31,937,916 | ¥34,202,176 | ¥36,286,473 |
| ¥ − | ¥ − | ¥ − | ¥ − | ¥ − | ¥ − | ¥ − | ¥ − |
| ¥ − | ¥ − | ¥ − | ¥ − | ¥ − | ¥ − | ¥ − | ¥ − |

| 23 年目 | 24 年目 | 25 年目 | 26 年目 | 27 年目 | 28 年目 | 29 年目 | 30 年目 |
|---|---|---|---|---|---|---|---|
| ¥3,419,297 | ¥3,419,297 | ¥3,248,332 | ¥3,248,332 | ¥3,248,332 | ¥3,248,332 | ¥3,248,332 | ¥3,085,916 |
| | | | | | | | |
| ¥170,965 | ¥170,965 | ¥162,417 | ¥162,417 | ¥162,417 | ¥162,417 | ¥162,417 | ¥154,296 |
| ¥220,000 | ¥220,000 | ¥220,000 | ¥220,000 | ¥220,000 | ¥220,000 | ¥220,000 | ¥220,000 |
| ¥ − | ¥ − | ¥ − | ¥ − | ¥ − | ¥ − | ¥ − | ¥ − |
| ¥800,000 | ¥800,000 | ¥800,000 | ¥800,000 | ¥800,000 | ¥800,000 | ¥800,000 | ¥800,000 |
| ¥105,000 | ¥105,000 | ¥105,000 | ¥105,000 | ¥105,000 | ¥105,000 | ¥105,000 | ¥105,000 |
| ¥105,000 | ¥105,000 | ¥105,000 | ¥105,000 | ¥105,000 | ¥105,000 | ¥105,000 | ¥105,000 |
| | | | | | | | |
| ¥2,018,332 | ¥2,018,332 | ¥1,855,916 | ¥1,855,916 | ¥1,855,916 | ¥1,855,916 | ¥1,855,916 | ¥1,701,620 |
| | | | | | | | |
| ¥53,116,992 | ¥55,135,324 | ¥56,991,240 | ¥58,847,156 | ¥60,703,072 | ¥62,558,987 | ¥64,414,903 | ¥66,116,523 |
| ¥ − | ¥ − | ¥ − | ¥ − | ¥ − | ¥ − | ¥ − | ¥ − |
| ¥ − | ¥ − | ¥ − | ¥ − | ¥ − | ¥ − | ¥ − | ¥ − |

# 29,000,000円　築31年

| | |
|---|---|
| 物件金額 | ¥29,000,000 |
| 諸費用等 | ¥2,610,000 |
| | |
| | |
| | |

| | |
|---|---|
| 計 | ¥31,610,000 |

| | |
|---|---|
| 融資額 | ¥31,610,000 |
| 返済期間 | 0 |
| 返済回数 | 0 |
| 借入金利 | 0.000 |
| 月金利 | 0.000 |
| 自己資金 | ¥　－ |

**【キャッシュ収支のシミュレーション】**

| | 1年目 | 2年目 | 3年目 | 4年目 | 5年目 | 6年目 | 7年目 |
|---|---|---|---|---|---|---|---|
| 収入 | ¥4,198,000 | ¥4,198,000 | ¥4,198,000 | ¥4,198,000 | ¥3,988,100 | ¥3,988,100 | ¥3,988,100 |
| | | | | | | | |
| 空室想定分 | ¥209,900 | ¥209,900 | ¥209,900 | ¥209,900 | ¥199,405 | ¥199,405 | ¥199,405 |
| リフォーム代 | ¥220,000 | ¥220,000 | ¥220,000 | ¥220,000 | ¥220,000 | ¥220,000 | ¥220,000 |
| 返済額 | ¥　－ | ¥　－ | ¥　－ | ¥　－ | ¥　－ | ¥　－ | ¥　－ |
| 管理費等 | ¥800,000 | ¥800,000 | ¥800,000 | ¥800,000 | ¥800,000 | ¥800,000 | ¥800,000 |
| 管理委託料 | ¥210,000 | ¥210,000 | ¥210,000 | ¥210,000 | ¥210,000 | ¥210,000 | ¥210,000 |
| 固定資産税 | ¥105,000 | ¥105,000 | ¥105,000 | ¥105,000 | ¥105,000 | ¥105,000 | ¥105,000 |
| | | | | | | | |
| CF（年間） | ¥2,653,100 | ¥2,653,100 | ¥2,653,100 | ¥2,653,100 | ¥2,453,695 | ¥2,453,695 | ¥2,453,695 |
| | | | | | | | |
| 蓄積キャッシュ | ¥2,653,100 | ¥5,306,200 | ¥7,959,300 | ¥10,612,400 | ¥13,066,095 | ¥15,519,790 | ¥17,973,485 |
| 繰り上げ返済 | ¥　－ | ¥　－ | ¥　－ | ¥　－ | ¥　－ | ¥　－ | ¥　－ |
| ローン残高 | ¥　－ | ¥　－ | ¥　－ | ¥　－ | ¥　－ | ¥　－ | ¥　－ |

| | 16年目 | 17年目 | 18年目 | 19年目 | 20年目 | 21年目 | 22年目 |
|---|---|---|---|---|---|---|---|
| 収入 | ¥3,599,260 | ¥3,599,260 | ¥3,599,260 | ¥3,599,260 | ¥3,419,297 | ¥3,419,297 | ¥3,419,297 |
| | | | | | | | |
| 空室想定分 | ¥179,963 | ¥179,963 | ¥179,963 | ¥179,963 | ¥170,965 | ¥170,965 | ¥170,965 |
| リフォーム代 | ¥220,000 | ¥220,000 | ¥220,000 | ¥220,000 | ¥220,000 | ¥220,000 | ¥220,000 |
| 返済額 | ¥　－ | ¥　－ | ¥　－ | ¥　－ | ¥　－ | ¥　－ | ¥　－ |
| 管理費等 | ¥800,000 | ¥800,000 | ¥800,000 | ¥800,000 | ¥800,000 | ¥800,000 | ¥800,000 |
| 管理委託料 | ¥105,000 | ¥105,000 | ¥105,000 | ¥105,000 | ¥105,000 | ¥105,000 | ¥105,000 |
| 固定資産税 | ¥105,000 | ¥105,000 | ¥105,000 | ¥105,000 | ¥105,000 | ¥105,000 | ¥105,000 |
| | | | | | | | |
| CF（年間） | ¥2,189,297 | ¥2,189,297 | ¥2,189,297 | ¥2,189,297 | ¥2,018,332 | ¥2,018,332 | ¥2,018,332 |
| | | | | | | | |
| 蓄積キャッシュ | ¥38,475,771 | ¥40,665,068 | ¥42,854,365 | ¥45,043,662 | ¥47,061,995 | ¥49,080,327 | ¥51,098,660 |
| 繰り上げ返済 | ¥　－ | ¥　－ | ¥　－ | ¥　－ | ¥　－ | ¥　－ | ¥　－ |
| ローン残高 | ¥　－ | ¥　－ | ¥　－ | ¥　－ | ¥　－ | ¥　－ | ¥　－ |

※金利上昇に備えて、累積キャッシュや手出し資金より繰り上げ返済することも一つです。
所有して数年は、税務上の収支がマイナスになる可能性がございますので、税金の還付をお受け取りいただける見込みです。

# 賃料相場は入居率・空室率とともにチェックする

物件選びに関するいくつかのポイントがある中で、特に意識しておきたいのは「賃料」です。どのくらいの賃料が得られ、利回りがどのように推移していくのかを理解しておけば、より安定的な投資が実現できます。

賃料を左右する要素としては、まず「相場」があります。賃貸物件を掲載しているポータルサイトなどをチェックしてもらえば分かるのですが、それぞれの地域の相場を基準に家賃水準が決まっています。

試しにいくつかのポータルサイトで物件の家賃を調べてみましょう。任意の地域を選択し、ワンルーム、１ＬＤＫ、２ＬＤＫなどのように、それぞれの価格帯をチェックしてみてください。その過程で相場観が見えてきます。

賃貸物件を集めているポータルサイトには、主に次のようなものがあります。

・ＳＵＵＭＯ（https://suumo.jp/）

・HOME'S（https://www.homes.co.jp/）

・アットホーム（https://www.athome.co.jp/）

・ＣＨＩＮＴＡＩ（https://www.chintai.net/）

・エイブル（https://www.able.co.jp/）

・アパマンショップ（https://www.apamanshop.com/）

・ホームメイト（https://www.homemate.co.jp/）

賃料相場を見ていくと、物件の規模ごとにおおよその相場が分かります。もちろん経年とともに相場は変化していきますが、駅ができるなどの大きな変化がない限り、その推移は緩やかであると考えていいでしょう。

加えて、過去のデータなども参照にしつつ家賃推移をチェックしておけば、物件の購入を検討しているエリアの相場観が分かります。あとは一部屋あたりの年間家賃と部屋数をかければ、当該物件の年間家賃収入が明らかになるわけです。

ただし、賃料相場からおおよその利回りを計算する場合には、入居率・空室率についてもフォローしておく必要があります。それらを加味しないまま満額家賃で利回りを計算してしまうと、予想に反して運営が苦しくなりかねません。

そもそも入居率とは、当該物件における部屋数のうち入居者が入っている割合のことです。反対に空室率とは、部屋数に対して住んでいない部屋の占める割合です。いずれも家賃の有無に関係するだけに、押さえておく必要があります。

例えば、一部屋あたりの月額家賃が10万円で、部屋数が10戸あるアパートの場合。想定される年間家賃収入は１２００万円（１００万円×12カ月）となります。ただしこれは満室想定での計算です。

同様のケースで入居率が80％（空室率が20％）であった場合、年間家賃収入の想定は

960万円（80万円×12カ月）まで下がります。地方など人口が少ないところであれば、入居率が50％（空室率50％）となり、年間家賃収入は600万円まで下がるかもしれません。

いずれにしても家賃相場とともに入居率・空室率も見ておかないと、シミュレーションが大きく崩れてしまうことになりかねません。賃料水準だけでなく、どのくらい人が定着するのかにも着目するようにしましょう。

## 賃料の急激な落ち込みが起きにくい築古アパート物件を探そう

不動産投資の利回りが「年間家賃収入÷物件価格×100」で計算されていることからも明らかなように、賃料水準と物件価格はそれぞれ投資の成否に影響を与えます。ここであらためて、不動産投資物件の価格について掘り下げておきましょう。

新築でも中古でもそうですが、物件の価格はいくつかの要素が絡んで決められています。賃料のように相場を目安にしている部分もあれば、地域に根ざして価格が決められているケースもあります。重要なのは、〃一様ではない〃ということです。

具体的な価格の決まり方について見ていきましょう。中古市場で流通している不動産の価格は、主に三つの方法で算定されています。その三つとは、「収益還元法」「積算法」「取引事例比較法」です。

収益還元法とは、物件ごとの年間家賃収入を不動産投資家が期待する利回り（還元利回り）で割ることによって求められます。ちなみにこの場合の利回りは、取引事例から算出されたものではなく、「キャップレート」と呼ばれる指標が使われています。

**・収益還元法**

**年間家賃収入÷不動産投資家が期待する利回り**

この計算式からも明らかなように、収益還元法は年間家賃収入と利回りという、不動産投資において重要な各指標（家賃と利回り）を基に算出されています。その点、より不動産投資家のイメージに近い物件価格になると想定されます。さらに収益還元法は、「直接還元法」と「ＤＣＦ法」に分類されます。

## 不動産価格について

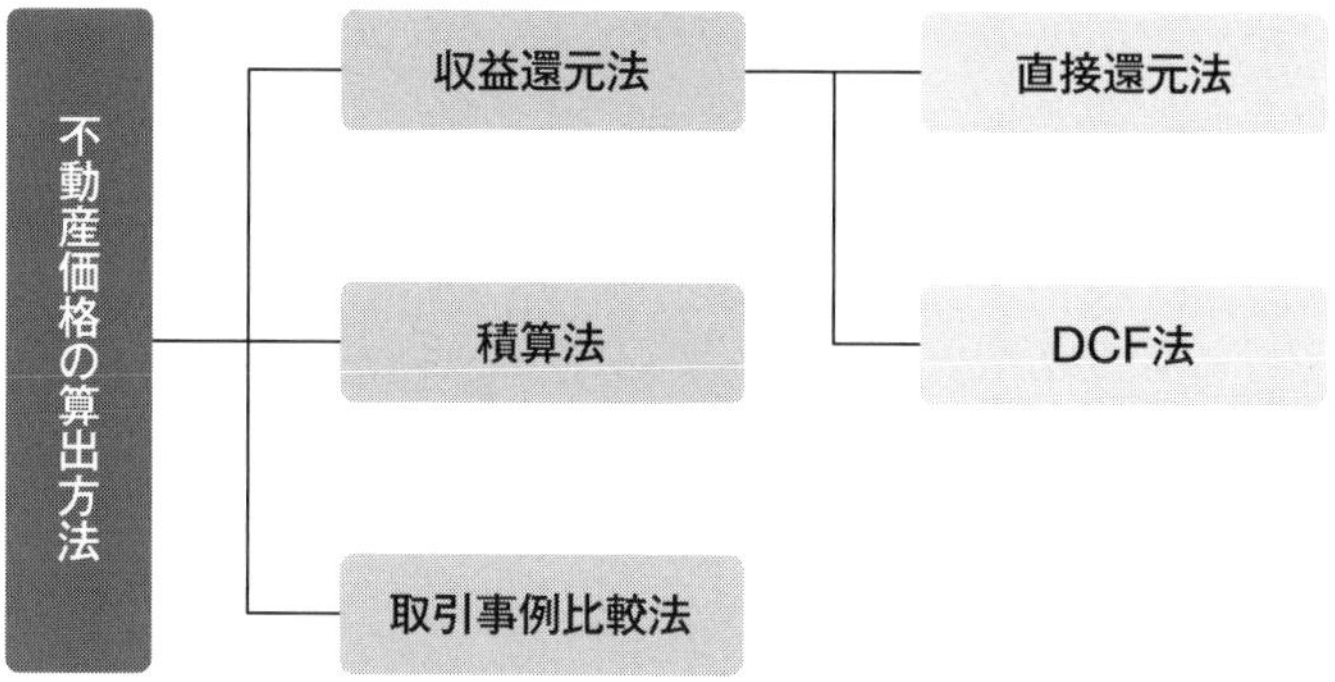


次に積算法についてですが、こちらは主に金融機関の評価で使われています。具体的な計算方法としては、土地と建物の原価を割り出した上で、それぞれを合計して不動産全体の価格として捉えるものとなります。

**・積算法**
**土地の価格＋建物の価格**

ちなみに土地の価格に関しては、「路線価」を基に算出されます。路線価とは、相続税（相続税路線価）や固定資産税（固定資産税路線価）の算定に使われる指標で、毎年7月1日に国税庁から発表されています。路線価が定められていない地域は、市区町村の「評価倍率表」を用いて算出されます。

一方で建物の価格は、「再調達原価」を基に算出されています。再調達原価とは、現時点で同等の建物を建てた場合に必要とされる金額のことで、築年数に応じた減価償却を加味して計算されます。

このような計算方法の違いから、収益還元法と積算法で同じ不動産を評価した場合、違いが出るケースが多くあります。例えば、人気エリアの物件などで土地の面積が小さく、建物が古い場合、収益還元法のほうがはるかに高く見積もられます。

最後に取引事例比較法についても触れておきましょう。取引事例比較法とはその名のとおり、当該物件の周辺にある類似物件を基に、それぞれの成功事例を比較検討して調整される計算方法です。具体的な計算式は次のとおりです。

**・取引事例比較法（比準価格）**

**取引事例の価格×事情補正×時点修正×標準化補正×地域要因比較×個別要因比較**

計算式を見てもらうと分かるように、取引事例比較法の計算はかなり複雑です。主にエンドユーザー向けの住宅売買に使われる指標なので、不動産投資家はそれほど意識しなくても問題ないでしょう。計算の仕組みだけ知っておけば十分です。ちなみに、取引事例比較法による評価額は「比準価格」と呼ばれています。

## 新築一棟は無理でも中古一棟なら購入できる

新築物件のデメリットについてはこれまで述べてきたとおりですが、それでも新築物件に投資したいと考える人がいるかもしれません。もちろん、投資判断は個々人の責任において行われるものなので、それを完全に否定するわけではありません。

ただし、いくら投資適格性のある新築物件が見つかったとしても、その物件を購入できなければ意味がありません。新築区分を購入するならまだしも、マンションやアパートを一棟購入するとなれば、それなりの融資を受ける必要があります。

当然、頭金の用意も必要になります。金融機関によってはフルローンで物件価格トータルの融資を行ったり、あるいは諸費用等も含めたオーバーローンを提供したりしているところもあります。ただそれらはリスキーな部分が少なくありません。

そもそもローンを組むこと自体、借金をすることと同義です。金利の支払いがあることを考えれば、ローンを組む範囲は採算が取れる限度に留めておき、できるだけ効率的な運用を心掛けたいと思うのが通常です。

しかし、フルローンやオーバーローンでは、とにかく物件を購入するために必要な融資を提供するという視点が先立っており、リスクについての懸念が後回しにされている印象があります。そしてそれは、投資の成否にも影響を及ぼすのです。

単純に考えてみると、ローンを組む金額が多くなるということは、それだけ支払う金利も多くなるということです。また、月々の返済額を抑えておくとしたら、返済期間も長くなることになります。その点で収支が悪化するのは当然です。

もちろん、不動産投資家としては必ずしもフルローンやオーバーローンそのものを否定する必要はありません。重要なのはそれぞれのリスクを加味した上で、状況に応じて適切に活用していく姿勢を持つことです。

近年の傾向として、政府と日本銀行による「マイナス金利政策」の効果もあり、ローン金利は低水準で推移しています。その分、不動産投資家にとっても資金調達はしやすくなっています。ただそれは〝資金調達のハードル〟という意味でのことです。
すでに述べましたが、社会全体としては、不動産投資に厳しい目が向けられています。当然、金融機関もその点は把握しており、不動産投資をする投資家の精査は厳しくなっていると考えるべきです。

一方で、大手企業に勤めているなど属性が良い人の場合は、現行の低金利で融資を受けられる可能性があります。低金利で借りられるのなら、新築一棟マンションは無理でも、中古アパートであれば取り組む余地がありそうです。

ちなみに、金融機関が融資付けを行う際に見ているポイントには次のようなものがあります。

**・投資家の属性**
**・自己資金**
**・担保**
**・物件の収益性**

投資家の属性には、勤めている会社や勤続年数、家族構成、借金の有無などが含まれます。それらに加えて、自己資金の有無とその額、担保の有無とその内容、物件の収益性によって融資の可否と額が算出されています。

評価の内容は金融機関によって異なりますが、チェックしているのは「問題なく返済できるかどうか」という点に尽きます。金融機関が恐れているのは、一にも二にも融資の焦げ付きです。その点を含め、金融機関の特性を知っておくことも大切です。

## 不動産投資における都心と地方

価格面とともに不動産投資において重要なのが「立地」です。第2章において、不動産投資の種類を地域で分け、大きく「都心」と「地方」があると述べました。ここではそれぞれの違いについて詳しく見ていきましょう。

前提として、地域性の違いに関しては、新築投資と中古投資のような明確な〝優劣〟はありません。もちろん、投資スタンスという意味での相違点はあるのですが、それぞれに特徴があり、投資適格性は物件ごとに異なるのが事実でしょう。

その上で、都心と地方の物件がどのように違うのか、それぞれのポイントを確認しておきましょう。

まずは都心についてです。都心は人口が密集していることもあり、不動産需要が豊富にあります。その分、不動産の価値も高くなり、ひいては不動産価格も高くなるのが通例です。土地の価格そのものが高いので、当然と言えば当然です。

資産価値および物件価格が高いということは、言い換えると「資産性」があることになります。価格が低下しにくく、物件の価値が下がりにくいということから、資産としての不動産という意味合いが強いのはやはり都心でしょう。

また、人口が密集しているという観点で考えると、入居者を獲得できる確率も高くなる傾向があります。空室率についても、人口の影響を受けて低くなることが予想されるものの、競合物件も多くなるため、安易に判断するのは危険でしょう。

一方で、地方についてはどうでしょうか。都市部を除けば人口減少が進んでいるのが実態です。現状、関東圏を除いて人口（人口流入数）が増えているのは沖縄しかなく、そのほかの都道府県では軒並み人が減っています。

そう考えると、地方の特性として挙げられるのは、入居者の獲得が難しいということです。もちろん、その分だけ物件価格は安くなるのですが、入居率・空室率をよくウォッチしておくべきなのは間違いありません。

他方、地方で不動産投資を行うメリットとしては、物件価格が低水準にあるため、キャッシュフローが出やすいということです。入居者さえ安定的に獲得できれば、一定の空室があったとしてもキャッシュフローがプラスになる物件もあります。

その点、地方の物件に投資する場合は、賃貸需要が堅実であることが条件となります。エリアだけでなく、物件そのものの立地と周辺環境を見極めた上で、空室リスクをカバーできる条件で物件を購入することが求められます。

条件の中にはローンに関するものも含まれます。地方の物件は土地の評価が低くなりがちなので、金融機関の評価も同様に低くなります。そのため融資は返済期間が短く金利が高くなる傾向があるのです。

そのような条件も加味した上で、採算が取れそうなら地方の物件も候補に入ります。都心の物件のような資産性や入居率の高さは期待できませんが、低価格の物件でキャッシュフローを得つつ、中長期にわたって運用していくことも可能でしょう。

このように、不動産投資における都心と地方には、それぞれ違いがあります。どちらも一長一短がありますが、最終的には物件ごとの個別性も精査しつつ、より最適な投資物件を選定するようにしてください。

## スタンスを明確にして優良物件を見つけよう

投資スタンスについても触れておきましょう。ここまで新築と中古、物件価格、さらには地域性の違いについて紹介してきました。それらを踏まえて、自分がどのようなスタンスで投資をするのかを明確にしておく必要があります。

投資スタンスとは「どのようなビジョン（方向性）を持って投資を行うのか」ということです。不動産投資にはいくつかの種類があることはすでに紹介したとおりですが、それらをベースに、自分なりの〝勝ち方〟を組み立てておくことが大事です。

勝ち方とはつまり、不動産投資における勝ちパターンのことです。どのような不動産投資家でも、自分なりの勝ちパターンを有しているものです。どんなスタンスでも勝てるというよりは、自分の勝ちパターンに当てはめた上で、投資をしているケースが多いです。

特に本書の場合、お勧めしているのは中古物件の中でも中古アパートになりますが、都心や地方などの地域性については特定していません。むしろ、これから不動産投資を始める人が住んでいる場所、あるいは精通している地域ごとに、対応すれば問題ありません。

その点において、本書におけるお勧めの投資スタンスは、次のようになります。

- **物件の種類：中古**
- **建物の種類：一棟（アパート）**
- **物件の地域：地方or都心（特性に応じて判断する）**

現在の市況を踏まえ、これから不動産投資を行う投資家の多くは、同様のスタンスに近づいていくのではないでしょうか。なぜなら、すでに述べているような新築区分マンションのデメリットに加えて、新築物件そのものが厳しくなっているためです。

例えば新築のワンルームマンションなどはすでに、立地がかなり悪くなっています。それもそのはずで、都市部を中心に空いている土地が少なくなり、これから建てられる物件の多くは必然的に立地を妥協せざるを得なくなるためです。

過去の歴史を紐解いてみると分かるように、もともと日本の住宅政策は、新築物件を建てることで成長を志向してきました。端的に言えば、建物を造っては売ることで不動産経済を回してきたのであり、その結果、現在では空き家が増え始めています。

マンションにしてもアパートにしても、新築物件を建てること自体は、景気に大きなプラスとなります。物件を作る際には、建材や工事関連の需要が生まれ、それを売ることで不動産業者も潤います。建売業者も構造は同じです。

人口が増え続けている時代であればそれでもいいのですが、すでに日本は少子化が進んでおり、これまでのビジネスモデルは通用しません。むしろ長く使える物件を造りつつ、中古物件をより活用していくことが求められます。

そのような視点からも、中古アパートを中心とした投資スキームは合理的であると言えます。投資効率とともに、日本経済の動向とさらには資源保護の観点からも、中古物件に着目することは大事です。

中古マンションを購入するのもいいですが、マンションは規模が大きく価格が高くなりがちです。そこで比較的価格の安いアパートを中心に投資していくのが本書でお勧めする投資スタンスです。

ぜひ、投資スタンスを明確にして、優良物件を見極めていきましょう。

【レアボロ不動産投資ノウハウ②】

# ボロアパ管理は「空室対策」「コスト削減」「トラブル防止」で儲けを最大化させる

## ボロアパ管理は「賃貸管理」で収益が大きく左右する

以降では、不動産投資の物件運営に欠かせない「賃貸管理」について解説していきます。不動産投資を始める際、物件の選定に力を入れる人は少なくありませんが、この賃貸管理にも着目しておくことが大切です。

そもそも、なぜ不動産投資に賃貸管理が重要なのでしょうか。それは、不動産投資というものが中長期的に行われることを基本としているためです。もちろん短期間で売却することもありますが、基本的には、中長期的に保有することを軸にしています。

それというのも不動産投資のメイン収入は、入居者から得られる家賃収入であるからです。家賃を得て、融資の返済（元金＋利息）に充てつつ、残りの部分が純粋な利益となるわけです。そこに、賃貸管理の重要性が隠されています。

要するに、入居者を安定的に獲得すること、そして家賃水準および入居者を維持していくことは、不動産投資における最大のキーポイントとなります。そしてそれは、賃貸管理によって実現できる事柄です。

用語の詳しい解説については後述しますが、賃貸管理には大きく「入居管理」と「物件管理」の二つがあります。前者は入居者を獲得するためのもの、そして後者は物件の価値および入居者を維持するためのものになります。

これら賃貸管理が適切に行われていなければ、思うように入居者を獲得できないか、獲得できたとしても維持することができません。たとえ好立地の物件でも入居者が次から次へと離れてしまっては意味がないのです。

不動産投資における賃貸管理について考える際には、この入居管理と物件管理の双方をバランス良く検討し、どちらもおろそかにすることのないよう厳しくチェックしていく姿勢が必要です。特に業者に委託する場合はなおさらです。

不動産投資は外部業者に委託することで、ほぼ自動化することができます。自動化することによって不動産投資家は意思決定に注力できるようになり、かつ余計な労力や時間を投資しなくて済むようになるのです。

この点は、ほかの投資と比較しても優れているポイントとなります。そしていかに自分の労力と時間を費やさずに投資を行えるかは、中長期的に見て決して軽視できないことです。なぜなら別の活動に労力と時間を投下できるからです。

一般的な事業を考えてみると分かるように、企業の経営者は基本的に現場の仕事を行いません。現場の仕事を行ってしまうと、会社を運営するために必要な意思決定や戦略立案、さらには資金調達およびトップ営業ができなくなってしまうためです。

もちろん小さな企業であれば、社長自ら現場仕事をしているケースもあるでしょう。しかし、上場しているような大手企業であれば、経営者（経営層）は現場仕事をしません。それが企業全体が稼ぐために必要不可欠だからです。

不動産投資もまた、一つの事業運営と同じです。自分で何でもやろうとすれば、本当にやるべき物件の選定や意思決定ができず、また融資付けに使う労力と時間もなくなってしまいます。また会社員の方であれば、本業にも支障をきたす可能性があるでしょう。

投資の成功は、本業やプライベートに影響を与えずに実現するのがベストです。そう考えると、賃貸管理という重要事項を自分でやるのではなく、任せられる体制を整えることが不動産投資の成功につながるのだとお分かりいただけるのではないでしょうか。

## 不動産投資家が押さえておくべき賃貸管理の基礎知識

不動産投資家が押さえておくべき賃貸管理の基礎知識は、物件を購入し、管理運営していくまでの流れを踏まえて把握することが大切です。まずはどのような流れで物件の管理運営に至るのかを学んでおきましょう。

物件を購入したあと、まずやるべきは「入居者の募集」です。すでに入居者がいる中古物件であればこの過程は必要ありませんが、入居者がいなかったり空室があったりする場合には入居者の募集をかけなければなりません。

通常、入居者の募集は管理会社の窓口やホームページ、ポータルサイトなどで行われます。これらの管理運営には人件費や広告費がかかるため、不動産投資家はそれらの費用も計算に入れて、シミュレーションをしておく必要があります。

入居者が獲得できるかどうかには地域差があります。例えば住宅需要の高い激戦区などでは、一定の広告費用をかけなければ入居者が集まらないケースも多く、その点も踏まえて戦略的に投資していかなければなりません。

入居者が無事に集まれば、その後は賃貸借契約などの手続きを経て、実際の入居へと至ります。ただ仲介業者を入れている場合は、仲介手数料も支出しなければなりません。通常これらの費用は、物件購入の検討段階で加味しておくことになります。

ちなみに、仲介手数料は不動産投資家（オーナー）と入居者の双方から支出されています。仲介会社はそれぞれの仲介手数料を得て事業を行っているというわけです。宅地建物取引業法では、仲介手数料について次のような規定が設けられています。

- **借主と貸主の双方が仲介手数料を負担する場合はそれぞれ家賃の0・5カ月以内となる**
- **依頼者の承諾があれば、いずれか一方から家賃1カ月分以内の仲介手数料を受け取れる**
- **借主と貸主から受け取る報酬の合計額は、賃料の1カ月分以内でなければならない**

このように、不動産業者が受け取れる仲介手数料は法令で定められています。しかも、この規定はあくまでも上限を定めているものなので、当然に上限額を請求できるわけではないという点も押さえておきましょう。

ここで考えておきたいのは、不動産業者に仲介を依頼するケースの広告料等についての取り扱いです。入居者の獲得には広告料の支出が不可欠な場合も多いですが、仲介業者を入れている場合、その広告料は誰が負担するべきなのでしょうか。

通常、仲介業務の過程で発生する費用に関しては、不動産業者は依頼者に請求することができません。それは広告費用や入居の案内にかかる費用についても同様です。それらは仲介手数料に含まれると解釈されているためです。

ただし、注意が必要なのは、〝例外的〟な措置も認められているという点です。例外とは依頼者からの特別な依頼に応じて発生した実費については、依頼者に請求することができるという規定のことです。

具体的には「依頼者の依頼に基づいていること」「通常の仲介業務では発生しない費用であること」「実費として発生していること」などが条件となります。費用の根拠を明確にし、余計な費用を支出しないように注意しましょう。

このようにして入居者を獲得したあと、入居後の管理が始まります。入居後の管理には主に入居者対応（家賃・管理費の集金、クレーム対応等）と物件管理（清掃やメンテナンス等）があります。管理費用は業者によって異なりますが、家賃の5～10％が目安です。

以上のように、入居付けに必要な作業と入居後に必要な作業とを区別して、管理業務全体をイメージしておきましょう。

## 知っておきたい「PM」と「AM」の役割について

不動産投資の管理に関連する業者は、入居までの流れを担当する業者（仲介業者等）と、入居後の管理を行う業者（物件管理会社等）に分類できます。それぞれの役割の違いを理解した上で、委託することが大切です。

またそれ以外にも、「ＰＭ」と「ＡＭ」という用語で不動産業者を分類することもあります。では、ＰＭとＡＭはそれぞれ何を意味し、どのような役割を担っているのでしょうか。その違いと特徴についてチェックしておきましょう。

### ・PM（プロパティマネジメント）

不動産管理におけるＰＭとは、「プロパティマネジメント」のことを意味します。プロパティマネジメントとは、いわゆる入居者の獲得から物件の管理まで、必要な業務の全般を行う業者を指します。

通常、賃貸管理といえばＰＭを意味していると考えて間違いないでしょう。ただしこのＰＭに関しては、不動産投資家からの不満も少なくありません。入居付けから物件管理、さらには入居者のフォローまで、幅広い業務を担うことになるためです。

そしてそれらの業務範囲は、対応する業者ごとに異なります。投資物件の「経営」全般までそつなくこなしてくれる業者もいれば、必要最低限の業務しかせず、清掃などはオーナーに任せているところもあります。

また、入居付けや集金管理など、それぞれの業務に強みを持った業者もいます。トータルでマネジメントしてくれる業者に不満がある場合は、それらの強みを持った業者に委託することを検討する必要があります。

### ・ＡＭ（アセットマネジメント）

不動産管理におけるＡＭとは、「アセットマネジメント」のことを意味します。ＡＭの仕事は、ＰＭよりも大局的な部分を踏まえています。具体的には、不動産投資家の経営状況をウォッチし、投資家の代わりに必要な対策を行うのが主な仕事です。

## プロパティマネジメントとアセットマネジメント

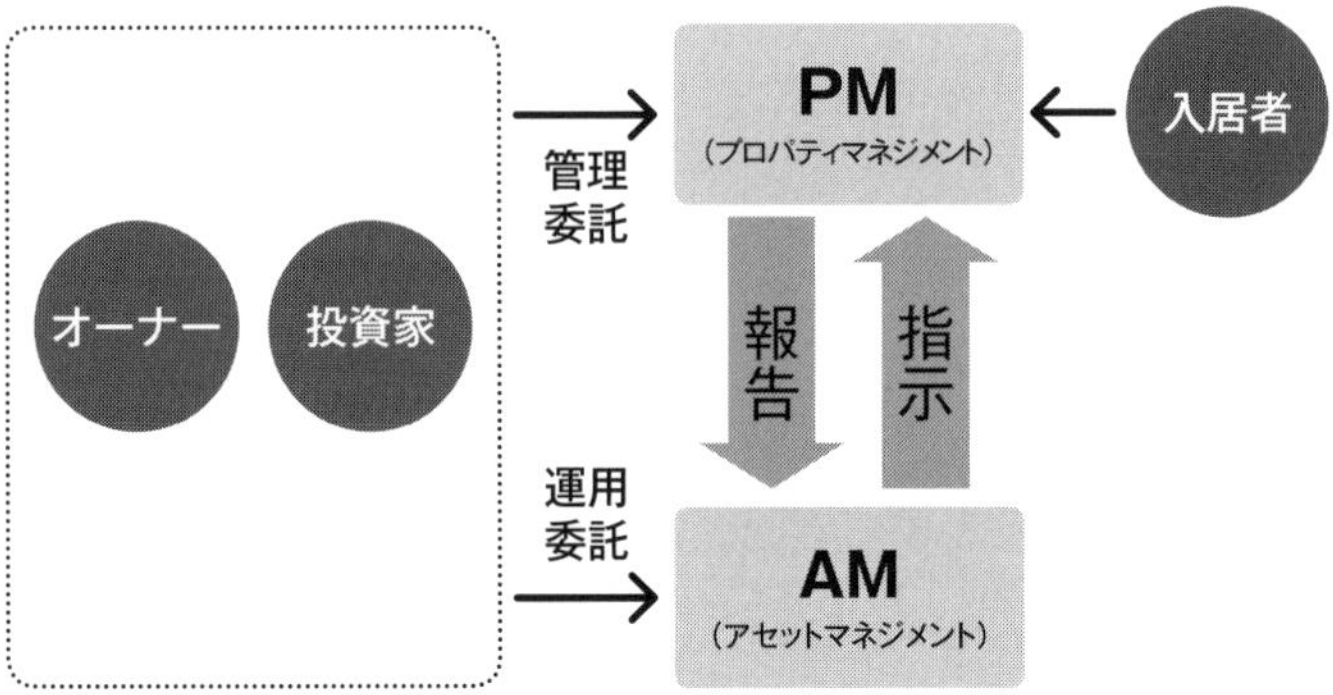


多くの不動産投資家は、複数の物件を所有しています。保有する物件数が増えれば増えるほど見るべきポイントも多くなるため、外部の専門家にチェックしてもらう必要があるのです。そこにＡＭの必要性があるというわけです。

ちなみにアセットマネジメントは、直訳すると「資産管理」を意味します。そのため物件管理という枠を超えて、投資利回りを最大化するための投資顧問業務全般を行う業者もあります。まさに資産全体の管理です。

従来の不動産投資家は、よほど扱う物件の数および規模が大きくならない限り、個人でＡＭを活用するという発想はなかったかと思います。しかし、より効率的に不動産投資を行っていきたいと考えるならＡＭの活用も検討するべきでしょう。

以上のように、不動産管理におけるＰＭとＡＭにはその役割と業務内容、さらには不動産投資家にもたらす価値に大きな違いがあります。それぞれの特徴を踏まえた上でどのように活用していくべきかを考えることが大切です。

特に、これまでＡＭの活用を視野に入れていなかった人は、不動産投資の効率性という観点から「資産管理の専門家とともに投資を行う」という視点を持ってみてください。そこに不動産投資家の成長を促進させる要素があるかもしれません。

## 自主管理と委託管理のメリット・デメリット

不動産投資において、購入した物件の管理は管理会社に委託するのが普通です。管理会社に委託することで費用は発生しますが、その分、不動産投資家は労力と時間を費やすことなく物件を管理運営していくことが可能となります。

一方で、不動産投資家が自ら物件を管理していく「自主管理」という方法もあります。

自主管理では、通常であれば管理会社に委託する作業を、すべて自分で行わなければなりません。そのため、多くの不動産投資家にとってハードルが高くなります。

では自主管理と委託管理には、それぞれどのようなメリット・デメリットがあるのでしょうか。実際に物件管理を行う場合を想定して利点と欠点に着目しつつ、両者の違いについて比較してみましょう。

まず自主管理のメリットとしては、管理会社に支払う委託料が発生しないことが挙げられます。委託料が節約できる分、利回りを高くできることになります。もともと利回りが低い物件などでは、委託料の節約が大きく影響するでしょう。

また、物件の状況を自分の目で把握するという意味でも、自主管理は優れているでしょう。自分で物件を管理するということは、建物の経年劣化や入居者の状況、共有スペースの使用環境など、さまざまな部分の変化をウォッチすることができます。

もともと空いた土地を所有しており、そこにアパートを建設して不動産投資をスタートしている不動産投資家などは、近隣に住んでいるなどの事情から、積極的に自主管理を選択しているケースもあります。

ただしその多くは、アパート経営やマンション経営で生計を立てている地主や富裕層であり、本業を持ったまま不動産投資をしようと考えている人とは事情が異なります。また不動産投資で目指すべきゴールも異なっているでしょう。

その点、自主管理のデメリットとしては、入居者対応や建物管理など24時間３６５日対応しなければならないということが挙げられます。本業を持つ人にとってこれはまず不可能だと考えられます。

費やさなければならない労力と時間という観点からも自主管理のデメリットは大きいのですが、さらに入居者との間で生じるトラブル対応の難しさも見逃せません。それらは往々にして専門的なスキルが必要となります。

例えば不動産投資の収益面に直結する家賃管理。集金から滞納者の対応など、人的トラブルはデリケートな要素を多分に含んでいます。場合によっては法的な対応が求められることもあり、専門知識が欠かせません。

さらに、そうした管理体制が整っていないと入居者の不満が募り、退去者が続出する可能性もあります。入居者の安定的な獲得と維持は、不動産投資の収益性と密接に関連しています。退去者が出るということは、また入居者を確保しなければならないということです。

このように自主管理と委託管理には、それぞれメリット・デメリットがあります。不動産投資をほぼ完全に自動化するには委託管理を選択することになりますが、状況に応じて自主管理を選ぶケースもあるかもしれません。それぞれの違いを理解し、自分にとってよりプラスとなる意思決定を行いましょう。

## 最適な管理会社の選び方とは

不動産を販売している業者がたくさんいるように、物件を管理する管理会社も多種多様です。不動産投資の成功確率を高めるには、どのような管理会社を選んでも良いわけではありません。最適な管理会社を適切な基準で選ぶことが大事です。

管理会社を選ぶ際のポイントとしては､まず「地域性」を意識しておく必要があります。つまり、どの地域で投資物件を購入するのかをベースに、その地域に根ざして活動している業者を中心に検討するのが通例です。

もちろん、全国対応している管理会社のうち、各地域に拠点を置いている事業者もあります。そのような事業者に管理を委託することもできますが、地域に根ざした管理会社と比較した上で、より良い業者を選ぶことが大切です。

では、どのような視点で最適な管理会社を選べばいいのでしょうか。いくつかのポイントを紹介しましょう。

そもそも建物管理を行っている業者には、仲介業務も兼ねている業者と、管理業務を専門に行っている業者があります。従来型のいわゆる「町の不動産会社」といえば、前者を意味することが多いです。駅前などに実店舗を構え、事業を行う業者です。

一方で、管理業務を専門に行っている業者もあります。入居付けなどの賃貸仲介業務を行わず、物件の管理運営に特化している事業者です。管理を専門に行うため、必要なスキルやノウハウは充足されていると考えていいでしょう。

兼業業者と専門業者のどちらを選ぶべきなのかは、不動産投資家のスタンスにもよりますが、冒頭で述べたような地域性もヒントになります。つまりその地域で評価されている管理会社がどの業者なのかによって、選択肢は変わるのです。

加えて一般的な要素として、「管理体制の内容」「過去の実績」「対応力」の三つが判断材料になります。

管理体制の内容として着目しておきたいのは、担当者の有無についてです。特に物件ごとに担当者を付けてくれるかどうかは、物件管理の質に直結することもあり重要です。場合によってはオーナーごとに担当者を付けている業者もあるでしょう。

いずれにしても適切な物件管理には、当該物件およびそのエリアの知見が不可欠です。管理する物件と地域に精通していることは、業者の選定における基本事項と言えるでしょう。仲介も兼業している業者であれば、それが入居率にもつながります。

過去の実績については、管理している物件数や建物の種類だけでなく、各物件がどのような状況で推移しているのかもチェックしておきたいところです。つまり不動産投資の視点から、管理している物件の成績を見ておくということです。

管理会社の成績として分かりやすいのは、やはり入居率でしょう。入居率には地域差があるので一概には言えませんが、概ね80~85%を上回っていることが一つの目安になります。併せて、空室対策の中身についても確認しておけば万全です。

三つ目の対応力については、トラブル対応の種類とスピード感、さらには対応時間がポイントになります。現状、遠隔による24時間365日の対応は基本となりつつあり、それができるかどうかだけでもチェックしておくといいでしょう。

# 管理に基づくリスク対策を考慮に入れておこう

不動産投資にはさまざまなリスクがつきものですが、そのうち管理に基づくリスクにはどのようなものがあるでしょうか。リスクヘッジという側面から管理について考えておくことで、より確実性の高い不動産投資を実現できるはずです。

そもそも管理に基づくリスクとして挙げられるのは「入居」に関連することです。入居者が思うように得られない「空室リスク」に加えて、周辺物件との競争が加速した場合の「家賃下落リスク」や、さらには「周辺価値の低下リスク」などもあるでしょう。

そのような入居に関するリスクについては、物件を購入し、管理することまでを想定した上で検討しておく必要があります。イメージとしては〝点〟としての物件管理ではなく〝線〟や〝面〟というそれぞれのつながりを意識しておくことが大事です。

管理に基づくリスクは必ずしも一定であるとは限りません。なぜなら入居者という人を相手にしている以上、各人の要望や不満など、住まいに求める内容は多様だからです。その点を踏まえて管理を行っていく必要があります。

そうした観点を前提としつつ、管理に伴うリスクを以下の三つに分類し、それぞれの対応策について考えてみましょう。

### ①入居に関するリスク

入居に関するリスクには、「入居者の獲得」と「入居者の退去」の二つがあります。

「入居者の獲得」とは、想定以上に入居率が悪く募集をかけても入居者を得られないケースです。エリアや立地の問題だけでなく、仲介業者の営業スキルによって左右される場合もあるため業者の選定が重要となります。

また「入居者の退去」とは、物件管理の状況やトラブル対応に問題があり、空室率が高まってしまうケースです。物件そのものに問題がある場合もありますが、トラブル対応などが不十分なのであれば、管理業者を見直す必要があるでしょう。

### ②家賃に関するリスク

家賃に関するリスクには、主に「家賃の滞納」が挙げられます。家賃の滞納についてはどれだけ注意喚起してもし足りないほど重要であり、不動産投資における大きなリスク要因となり得ます。

その点、管理体制によって家賃滞納対策を講じておくことは、不動産投資家の責務であると言えるでしょう。管理会社に委託する場合、家賃滞納にどう対応しているのかをヒアリングし抜けや漏れがないようにしてください。

## ③経済・社会的なリスク

最後に経済・社会的なリスクについてです。いくら適切な物件管理を行っていても、社会全体の景気低迷や人口減少など、避けられないリスクがあります。また競合物件の進出や家賃下落、天災リスクなども含まれます。

そのようなリスクに対しては、管理体制を強化するというより戦略的な対応が求められます。具体的には複数の物件・エリアに投資することでリスクを分散させたり、もしものときを想定して保険での対応を検討したりするなどです。

特に天災リスクや人リスクに関しては、保険でカバーするのが基本です。具体的には家財保険を含む「火災保険」や地震への対策となる「地震保険」、さらには「施設賠償責任保険」や「孤独死保険」など、状況に応じて加入しておくといいでしょう。
また管理という点で考えると、複数の管理会社に依頼しておくことがリスクヘッジにつながることもあります。

## ボロアパ物件で起こり得るトラブルの特徴とは？

利回りの高さをベースに投資適格性に優れている中古物件ですが、管理運用の段階で生じる各種のトラブルには注意が必要です。あらかじめトラブルを想定していなければ、思わぬ費用と労力がかかることになりかねません。

中古物件の中でも特に築古物件は、建物が古いということもあり特定のトラブルが想定されます。具体的には物件にまつわる不備や故障、経年劣化などが挙げられます。築年数が古くなればなるほど建物のトラブルは起こり得ます。

では、そのような建物にまつわるトラブルをどのように回避すればいいのでしょうか。ポイントとしては物件購入時にきちんと精査しておくことが挙げられます。購入してから対応するのではなく、購入前によくチェックしておくことが大切です。

例えば中古物件を購入する際に見ておきたいポイントとして、次のようなものがあります。

**・現入居者の状況**

物件管理のリスクでも触れていますが、トラブルの中心も入居者に関連するものが多いです。例えば入居者の家賃滞納や騒音、共用部分の使い方、その他物件ごとに定められたルールに基づくトラブルなどが挙げられます。

入居者のトラブルが生じやすいかどうかは、物件があるエリアや立地、家賃水準、さらには周辺環境や前オーナーおよび不動産業者へのヒアリングによって、ある程度はイメージできるはずです。やはり事前の調査が大事でしょう。

特に中古アパートを購入する場合、いわゆる「オーナーチェンジ」になることが多く、旧オーナーおよび管理会社の対応に目を配っておく必要があります。各入居者をつぶさに確認することは難しいですが、調べられる範囲で見極めておくことが大切です。

### ・建物と設備の経年劣化

中古物件の場合、建物と設備の経年劣化が懸念されます。購入時に細部までチェックしておかないと、大きな瑕疵《かし》はともかく、想定外の問題に悩まされる可能性もあります。特に内装や外装、水回りなどは入念に見ておきましょう。

管理状況がきちんとしていれば、建物本来の寿命にかかわらず、経年劣化は防げるものです。自ら細部までチェックできそうになければ、第三者機関に調査を依頼するなど、より確実な方法を選択するようにしてください。

このような物件の状況調査を「インスペクション」と言います。物件が高額であればあるほど、購入前のインスペクションは重要となります。購入後にリフォームやリノベーションを検討している場合も、専門機関の調査が入っていれば安心です。

### ・中長期的な修繕の可能性

リフォームやリノベーションに加えて、中長期的な修繕の可能性についても見ておきたいところです。こちらもこれまでの管理状況によって左右される事項であり、管理会社の対応次第で状況は異なります。

住まいとしての質を担保する水回りや電気設備、内外装の修繕はもちろん、構造や耐震性なども押さえておくといいでしょう。

ちなみに１９８１年６月より前に建てられた建物は「旧耐震基準」で建てられています。耐震性の観点から必要な補強が行われているかどうか、あらかじめ確認するようにしてください。

## 管理に関する問題とその対処法

購入した物件の管理に関しては、想定されるトラブルだけでなく、不動産投資の成否にかかわる問題が発生することもあります。特に入居状況の悪化などが生じた場合の対策について、ここで確認しておきましょう。

まず、想定されていた入居率が大きく下落してしまい、ローン返済にも影響が及んでしまった場合です。入居率が大きく落ち込むとローン返済ができず、最悪の場合には赤字のまま経営していかなければならなくなります。

本来であればそのようなことがないよう、きちんとリサーチした上で物件を購入するべきです。しかし、購入時には見落としてしまっていたり、あるいはリサーチ不足で購入してしまったりする場合は、あとから対処するしかありません。

その場合の対処法としては、まず管理会社に相談することから始まります。管理会社に状況を説明し、どのような対応を取るべきなのかを相談することが何よりも大事です。なぜなら管理会社は、管理のプロフェッショナルだからです。

もちろん多くのケースでは、発生する問題の内容を管理会社も把握しています。管理会社から問題点について報告を受けるケースが大半でしょう。その点において、自分ですべて対応しなければならない自主管理より安心です。

特に自主管理の場合、あらゆる問題が不動産投資家（オーナー）の元に寄せられます。それらすべてに対処するとなると、相応の労力と時間を投下しなければならず、また問題の解決が長引いてしまうこともあります。

管理会社を利用するべきなのは、その点からも明らかです。特に緊急性を要するようなトラブル対応を持ちかけられたとき、「対応できません」となってしまえば入居者の満足度に大きく影響してしまいます。

たとえ入居者を獲得しやすい人口密集地でも、周辺物件との競合関係を考えれば、より望ましい対応を行っている物件に人が集まるのは当然です。そして対応が悪い物件というのは空室率が高くなり、収益性が不安定になるわけです。

そのような前提を踏まえると、トラブル対応のポイントとして重要なのは「対応可能な時間」「スピード」「対応力」の三つであると分かります。これらの項目は管理会社を選ぶ際にも重要視される事項です。

すでに述べているように、日常管理やトラブル対応は、「24時間３６５日」が基本となりつつあります。もちろん深夜や早朝の対応は遠隔での対応にはなりますが、それでも「いつでも対応できる」という姿勢が入居者の安心につながります。

そうした対応がスタンダードになっているということは、対応可能な時間に制限があるというだけで、入居者からの反応が悪くなることを覚悟しなければなりません。それはすなわち、入居率や空室率にも影響があるということです。

スピード対応についても同様です。問い合わせの電話がつながらない、あるいはつながっても返答までに時間がかかるとなれば、信頼性の毀損につながります。もちろん対応できる内容やその範囲に関しても、高い水準が要求されます。

現状、賃貸管理は入居サービスの延長として捉えられている傾向があります。賃貸管理も含めて物件の価値が決まるということを、肝に銘じておきましょう。

## 管理会社と良好な関係性を構築するコツ

大きなトラブルや問題の発生を未然に防ぎ、より良い不動産投資を実現するために必要なのは、関係者と良好な関係を築くことです。特に管理会社との関係性構築は非常に重要で、中長期的に付き合っていくだけに、パートナーとして捉えるべきでしょう。

では、どのようにして管理会社と良好な関係を築いていけばいいのでしょうか。最も重要なのは、やはり「コミュニケーション」です。管理会社といえども、業務を行っているのは人です。その点、人と人との付き合いが非常に重要となります。

戦略立案が得意で計算高い人ほど、この点をおろそかにしてしまいがちです。たしかに戦略性や計算力も不動産投資には必要ですが、それだけでは不十分です。事業経営と同じように、関係者を適切に動かすスキルが求められます。

いざというときに協力してくれるパートナーを獲得できるかどうかは、普段のやりとりがものを言います。細かいことではありますが、普段の挨拶やお中元やお歳暮の贈答、さらにはタイミングを見て相談を持ちかけるなど、やりとりを頻繁に行うことが大事です。

これは不動産投資に限った話ではありませんが、人と人との関係性を深めるには、できるだけ多くの時間を共有することが大切です。小さなことだと思うかもしれませんが、案外こうした対応ができているかどうかで業者との関係性は変わるのです。

社会人経験が豊富な人は、このあたりの対応が上手なことも多いです。不動産投資を事業として考えた場合、管理会社を含めたすべての関係者は、ともに活動する仲間として認識する必要があります。だからこそ日々の対応が大事なのです。

優秀な営業マンを想像してみてください。優秀な営業マンというのは必ずしもトークが秀逸であるとは限りません。むしろ自分からいろいろと話しかけるというよりは、何度も接触し、相手の話をヒアリングし、傾聴によって信頼を得ているものです。

実は、不動産投資家と管理会社の関係性についても同じことが言えます。つまり何らかの問題が発生した場合に、いつでも相談できる関係性を築いておけるかどうかが不動産投資全体の成績に影響するのです。

そうは言っても難しく考える必要はありません。お互いに利害関係を伴って事業をしていることを踏まえ、双方が気持ち良く仕事でき、結果が得られるように工夫すれば良いだけです。それは単純に人間関係の問題です。

良い管理会社というのは日頃の対応も優れているものです。そしてそのような対応に対し、投資家側も真摯に応えようとすれば、それだけで良好な関係性の構築につながります。

ただ残念ながら、不動産投資家の中には、関連業者に無理難題を押しつけたり、一方的な要求を突きつけたりする人もいます。さらには費用を支出して依頼しているのだからと、あからさまに立場の違いを強調する人もいるかもしれません。

そのような対応は、双方にとってプラスにならないばかりか、自分自身の首を絞めることにもなりかねません。やはりお互いに良好な関係性があってこその不動産投資・不動産管理であることを自覚し、活動していくことが求められます。

# 副業としての不動産投資

物件管理の自由度を高めることによって、不動産投資の捉え方は大きく変わってきます。自分で管理するのではなく、管理をほぼすべて任せられれば、自動的に収益が得られる仕組みとなるためです。

そこでここでは、少し異なる視点で不動産投資について考えてみましょう。

例えば、不動産投資を〝副業〟として考えてみるとどうでしょうか。不動産投資はあくまでも〝投資〟なのですが、〝事業〟として捉えることによって、副業の一種であると定義することも可能です。

特に近年では、働き方改革に伴う残業の縮小と、副業（複業）や兼業の推進なども相まって、さまざまな観点から副業に関する議論がなされています。しかもそれは各企業だけでなく、日本全体として行われていることなのです。

厚生労働省のホームページには、働き方改革の実現に向けて、次のような方向性が示されています。

### 働き方・休み方改善のイメージ

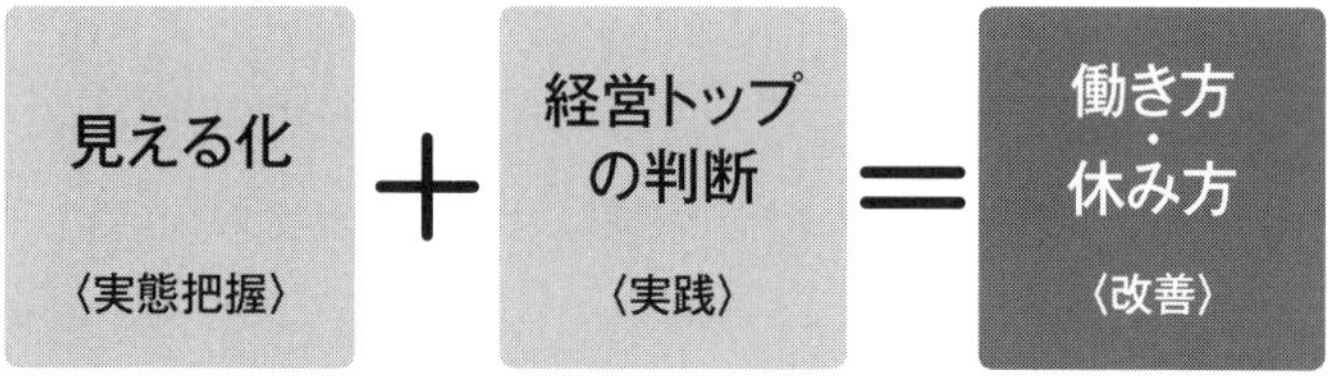


出典：厚生労働省「働き方・休み方改善ポータルサイト」を基に作成

**「働き方改革」は、この課題の解決のため、働く方の置かれた個々の事情に応じ、多様な働き方を選択できる社会を実現し、働く方一人ひとりがより良い将来の展望を持てるようにすることを目指しています。**

その背景にあるのは、少子高齢化による労働力人口の減少です。各企業は女性、外国人、高齢者を積極的に活用することに加え、社員の働き方を改善し、さらに生産性を向上していかなければなりません。

また、政府は「一億総活躍社会」という言葉を用い、働き方を根本から変えることを推進しています。その急先鋒となるのが残業を減らすことなのですが、国の方針ということもあり、こうした流れが大きく変わることはないでしょう。

会社員にとって、残業の減少がもたらす影響は二つあります。一つは「本業の収入が減る」こと、もう一つは「使える時間が増える」ことです。これら二つの変化が、別の収入源として副業や投資に向かうのは自然な流れでしょう。

ただ、副業にもさまざまなものがあります。本当に選ぶべきなのは、第二の収益源として収入が確保できることに加えて、必要最低限の時間と労力で行えることでしょう。本業との相乗効果も重要ですが、仕事に支障が出るようでは本末転倒です。

加えて、これまで誰かが残業として行っていた作業を、副業として代行するのも考えものです。ほかの仕事を経験すること自体はプラスになるかもしれませんが、働き方改革という本来の趣旨から外れており、残業の内容が変わっただけに過ぎないためです。

その点、副業を労働収入としてだけで捉えるのではなく、投資を含む不労所得として捉えることは、人生設計という観点からも重要ではないでしょうか。そして、管理を自動化した上で行う不動産投資は、そのような趣旨の活動に最適です。

賃貸管理の重要性を知れば知るほど、不動産投資は面白くなり、かつ優れた副業としての価値が増していきます。実は副業を検討している人ほど、投資としてではなく事業としての不動産投資が向いていると言えそうです。

【レアボロ不動産投資ノウハウ③】

# 不動産投資のうまみはココ。
# 確実に利益を生むキャッシュフロー戦略

# 不動産投資に必須の「出口戦略」とは

本章では不動産投資を成功させるために欠かせない「出口戦略」について紹介していきましょう。

不動産投資は物件を購入し、管理・運営しつつ、最終的には売却することで利益を得ていく投資手法です。その場合の利益とは、物件保有時にキャッシュフローを得る「インカムゲイン」と、売却時に売却益を得る「キャピタルゲイン」があるということでした。

一般的に、日本市場で行う不動産投資で着目されているのは、保有時に得られるインカムゲインです。つまり月々の家賃収入が、ローン返済額（元金＋利息）よりどれだけ上回っているかを基にキャッシュフローを求め、利回りとして評価しているわけです。

表面利回り（グロス）と実質利回り（ネット）のところでも紹介していますが、実際の物件運営には諸経費や税金等がかかります。そのため、表面利回りで評価するのではなく、実質利回りで計算しておくことが投資の精度を高めます。

ただし、保有時の利回りだけを考えて投資してしまうと、物件を手放す際にどのような結果が出るのかが分かりません。本来であれば、購入・運用・売却までのトータルでシミュレーションし、購入する物件とその後の運用方法、売却時期を見極めるべきです。

キャピタルゲインが出にくい日本の不動産市場では、出口戦略よりも入り口の部分にばかり目が向きがちです。たしかに、どのような物件を購入すればどのような不動産経営ができるのかを知ることも大事ですが、それだけでは不十分です。

やはり、購入した不動産を売却することも視野に入れて、トータルで不動産投資案件を評価することが、不動産投資で〝打率〟を上げることにつながります。まずはそのような視点を持つようにしてください。

では、どのように出口戦略を構築すればいいのでしょうか。最大のポイントは、「投資効率を最大化させるには、どのような物件を購入し、どのようなタイミングで売却するべきか？」を考えることに尽きます。

投資効率の最大化とはつまり、端的に言えば、少ない投資でより多くの利益を得るということです。詳しい融資の仕組みは後述しますが、不動産投資家は個々人で融資の上限（目安）が決まっており、その範囲内で効率よく物件を運用していくことが大切なのです。

要するに、金融機関から受けられる融資のマックスを基準に、可能な限り多くの優良物件を保有しつつ、より多くの利益を獲得していくことが、不動産投資のゴールとなるわけです。そしてそのためには、出口戦略が欠かせません。

特に、どのようなタイミングで物件を売却すれば、どのような利益（損失）が出るのかを知っておくことは大事です。なぜなら不動産投資では、運用している時期の利益（インカムゲイン）や減価償却および税金等も考慮しなければならないためです。

一言でまとめると、不動産投資における出口戦略とは、「売却時のことも考えて、トータルで不動産投資をデザインする」ということです。そのような視点を持って、より望ましい出口戦略を構築していきましょう。

## 新築物件と中古物件の出口戦略

すでに述べてきたように、出口戦略は売却時を考慮に入れて不動産投資全体を組み立てることなのですが、購入する物件の種類によってその内容は異なります。例えば新築物件と中古物件では、大きな違いがあります。

中古物件とは異なり、新築物件には、物件価格にさまざまな費用が上乗せされています。それらは「新築プレミアム」と呼ばれ、広告宣伝費、営業活動費、デベロッパーをはじめとする関係各社の利益などが含まれます。

そのような費用が上乗せされているため、新築物件は本来の価格（物件価格）より2～3割高くなります。ただ、市場が評価するのは本来の物件価格であり、そのことがすぐに売却してもマイナスになる原因となっています。

一方で中古物件は、「土地＋建物」の物件価格がベースになっています。もちろん仲介手数料はかかるのですが、新築物件のように費用や利益が上乗せされることはなく、価値の高い物件は転売益が出やすくなっています。

ちなみに、賃貸の仲介と同じように、不動産売買にも仲介手数料の決まりがあります。当然に上限額を支払わなければなりませんが、上限額を超える仲介手数料を受け取った場合、法令違反になるため注意が必要です。

具体的な上限額については、宅地建物取引業法で以下のように定められています。

## 仲介手数料の上限額

| 依頼者の一方から受領できる報酬額 | |
|---|---|
| 取引額 | 報酬額（税抜） |
| 200万円以下 | 取引額の5%以内 |
| 200万円超～400万円以下 | 取引額の4%以内 |
| 400万円超 | 取引額の3%以内 |

出典：公益社団法人全日本不動産協会「不動産基礎知識【買うとき】」を基に作成

**・取引額２００万円以下の場合**
**取引額の５％以内**
**・２００万円を超え４００万円以下の場合**
**取引額の４％以内**
**・４００万円を超える場合**
**取引額の３％以内**

例えば、２００万円の取引をした場合の仲介手数料は10万円までが限度となり、４００万円の場合は16万円、４００万円を超える場合は超える部分に３％をかけて上限額が求められます。

ちなみに、不動産の売買取引では４００万円を超えるのが大半です。そこで、簡易的な計算式として「売買価格×３％＋６万円＋消

## 仲介手数料の上限額（税抜）のイメージ

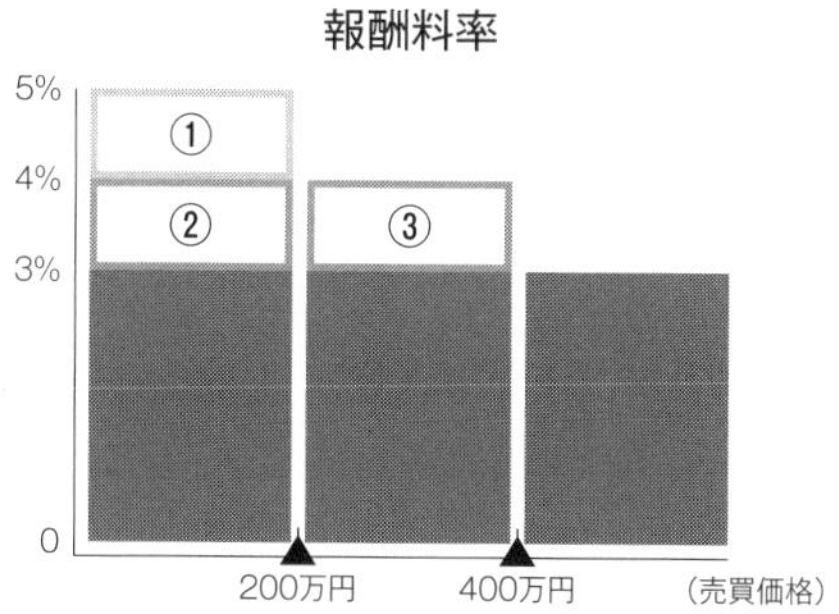


※①、②、③の合計が6万円、灰色が物件価格の3%

出典：公益社団法人全日本不動産協会「不動産基礎知識【買うとき】」を基に作成

費税」が使われています。ほとんどの取引では、この速算式で問題なく求められます。

仲介手数料を加味しても、新築プレミアムが上乗せされていない分、中古物件の価格はより適正値に近づきます。そのため新築のように所有し続けることが前提にならず、事前に売却時期を検討できるというわけです。

そして、その売却時期を見極めることこそ、出口戦略の真髄です。いつ頃であれば売却していいのか、その背景や理由についても煮詰めておけば、投資全体の見通しがつきやすくなります。それはすなわち、投資の柔軟性を高めることと同義です。

また、不動産の売却でよくあるのが「売却を急いでしまったために、買い叩かれてしまった」というケースです。売却は買い手がいてこそできるのであり、期間に余裕がないと、どうしたって値切られてしまいます。

その点、事前に出口戦略を組み立てておき、期間に余裕を持って売却を進めていけば、より有利な条件で物件を売ることができます。そのような意味においても、出口戦略を事前に立案しておくことは重要と言えるでしょう。

やはり、出口戦略の立案に向いている中古物件は、投資の出口が見えやすく、投資初心者にもお勧めであると言えそうです。

## 出口戦略のキーポイント「デッドクロス」

出口戦略について考える上で理解しておきたいものに「デッドクロス」があります。少し難しい概念ですが、出口戦略を適切に設計し、不動産投資を成功させるために必須の事項なのでぜひ学んでおきましょう。

デッドクロスとは、簡単に言うと「ローン返済額（元金）が減価償却費を上回る逆転現

## 減価償却で発生するデッドクロス

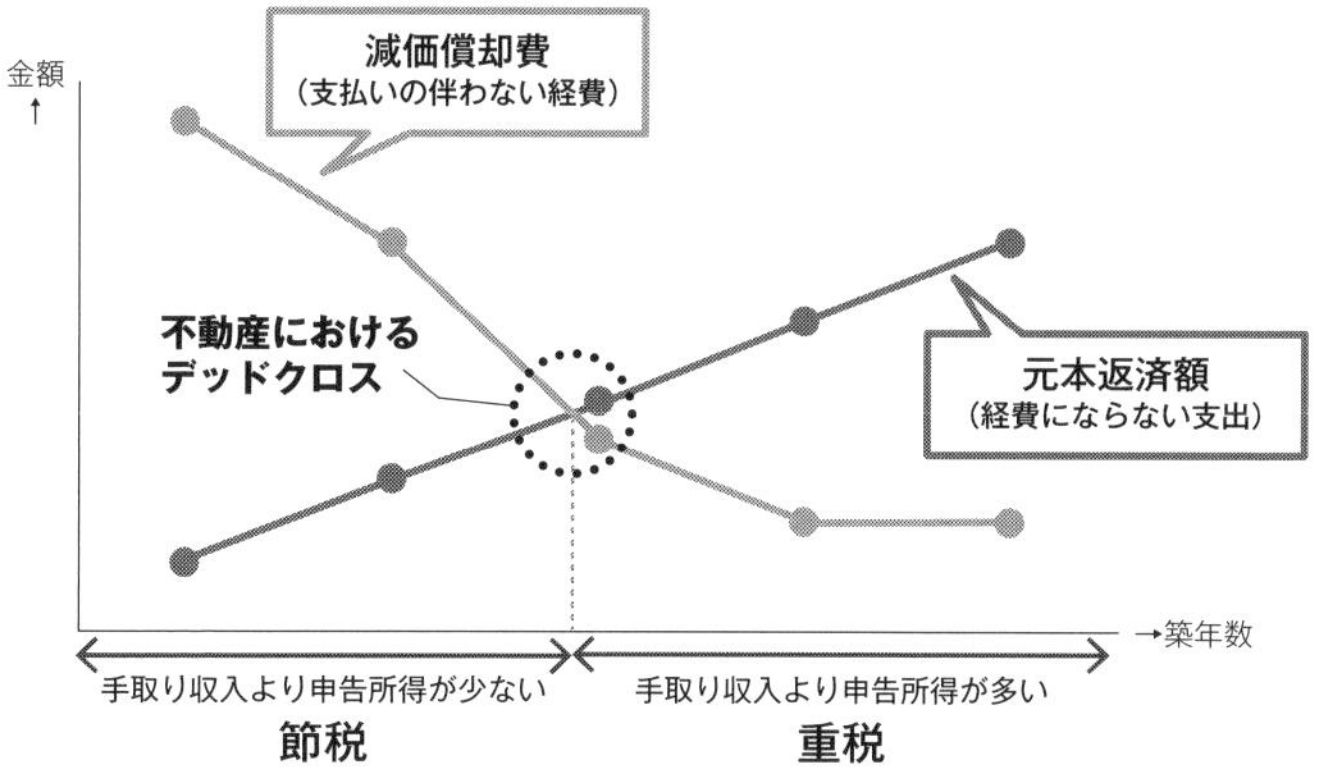


象」のことを指します。減価償却費が返済元金より少なくなると、「現金がないのに多額の税金を支払わなければならない」こととなり、黒字倒産の原因となるのです。

不動産投資の失敗事例でよくあるのが、この黒字倒産です。黒字倒産とは、帳簿上は黒字になっているにもかかわらず、諸経費や税金の支払いが追いつかないため事業が回らなくなってしまうことを指します。

そして、不動産投資では優良物件を保有している人ほど黒字倒産をしてしまうケースが多いのです。その理由は、減価償却や税金の仕組みをよく理解しておらず、かつ出口戦略を見越したシミュレーションをしていないためです。

特に不動産投資の場合、不動産という高額な資産を所有し、まとまった家賃収入を得ることとなるため、税金への配慮が欠かせません。しかも税金というのは、有無を言わさず支払わなければならないものです。

会社員の場合、源泉徴収や年末調整というかたちで、自動的に税金の計算が行われています。しかも会社から支払われる給料から差し引かれているため、普段の生活において、収入から生じる税金を意識することは少ないかもしれません。

しかし、不動産投資家として事業主になったときには、税金についても配慮しなければなりません。むしろ売上や利益に関する知見が豊富な人ほど、税金についてのフォローを欠かさないようにするべきです。

なぜなら、より多くの利益が出るということは、それだけ税金がかかるからです。特に日本の所得税や相続税では、累進課税制度が採用されており、課税対象の額に応じて税金もまた大きくなる仕組みです。

ここまでの話を踏まえると、不動産投資における利益を最大化させるには〝税金も含めて〟考える必要があります。つまり税引前の利益だけでなく、税引後の利益（実収入）についてもフォローしておくべきなのです。

そこで、デッドクロスという概念が役立ちます。不動産投資における税金の負担を少なくするには、利益を減らさなければなりません。ただしこの場合の〝利益を減らす〟とは、家賃収入を少なくするということではありません。

不動産投資ならではの減価償却という仕組みを使って、現金の支出を伴わない帳簿上の経費を利用し、利益を少なくすればいいのです。

経費になるのは、管理費等の諸経費を除き、返済金の利息部分と減価償却費が挙げられます。ただ元金の返済は経費にならないため、元金よりも減価償却費が少なくなってしまうと帳簿上は黒字になり、税金が増えてしまうわけです。

不動産（建物）の減価償却期間（耐用年数）は法令で定められており、鉄筋コンクリート造（ＲＣ）で47年、鉄骨造で27～34年、木造で22年とされています（国税庁ホームページより）。

ただし、これらは新築での耐用年数なので、中古の場合は別途、残存耐用年数を求める必要があります。次のような公式で計算できます。

**・残存耐用年数＝新築時耐用年数－（経過年数×0・8）**

この数値を基に、減価償却できる期間と元金返済の割合から損益分岐点を求めておけば、デッドクロスが生じる前に物件を売却できるのです。

## 収支の把握とキャッシュフロー計画の立て方について

不動産投資における出口戦略は、売却時はもちろんのこと、全体を通した収支の把握とキャッシュフローの兼ね合いを見つつ、検討していくことが大切です。そのためには一定の計画性が求められます。

そのように考えると、不動産投資というのは適切なシミュレーションをいかに徹底して繰り返せるかが成功の秘訣と言えるかもしれません。シミュレーションなしに、あるいは事前の詳細な試算なしに適切な計画は立てられないためです。

出口戦略についても同様で、売却時のことを〝購入前〟に検討しておくからこそ、意味があります。物件を購入して運用していきつつ、売却のタイミングを見極めることもできますが、それではとれる施策に限りがあります。

より幅広い選択肢を用意し、その中から最善策を見極めていくためには、購入後ではなく購入前に出口戦略を考案しておくべきです。その前提となるのが、収支の把握とキャッシュフロー計画です。

出口戦略で直接的に関連するのは、売却するタイミングと売却後の利益計算ですが、その前提となる収支の把握とキャッシュフロー計画がなければ、不動産投資全体の成功にはつながりません。大切なのは全体のバランスなのです。

収支の把握とは、購入した物件から得られる利益（損失）のことです。ベースとなるのは月々の収支（月額家賃収入－諸経費）ですが、それらを年間ベースで換算し、さらに必要となる税金の支出を加えれば、年間の収支が計算できます。

ここからキャッシュフロー計画を立てていくのですが、そのためには、必要となる支出の詳細について知っておく必要があります。ここであらためて不動産投資の収支に関連する諸経費等について確認しておきましょう。

実質利回りの計算式は「年間家賃収入－（諸経費＋税金）」でした。厳密に言うと、諸経費には融資の返済金も含まれるため、不動産投資に伴う支出は大きく「経費」「税金」「返済金」の三つがあると分かります。

経費については、管理費や修繕費、委託業者へのフィーなどで構成されています。具体的には「共用部の水道光熱費」「入退去時の広告費」「共用部や受水槽の清掃費」「設備機器のメンテナンス費」「管理手数料」「保険料等」などです。

また税金については、ランニングコストとしての「固定資産税」や「都市計画税」などが必要です。これらは、不動産投資で得られた利益にかかる税金（所得税）とは別枠のもので、毎年必要になる固定費と認識しておくといいでしょう。

返済金額については、「借入元金」「借入期間」「金利」の三つから求めることができます。例えば５０００万円を返済期間30年、金利３％（固定）、元金均等返済で借りた場合、月額返済額は26・４万円、年間の返済額は約３１７万円です。

諸経費と税金の支出を20％（年間１００万円）とした場合、年間の支出は約４１７万円となり、これを年間家賃収入から差し引いてキャッシュフローを求めます。このようにしてシミュレーションを重ねていくわけです。

その上でデッドクロスを考慮しつつ、どれくらいの期間まで保有していくのがいいのかなど、売却のタイミングを見極めていきます。収支の把握とキャッシュフロー計画の立案は、まさにシミュレーションの要なのです。

## 出口戦略における失敗と成功のポイント

出口戦略を最適化するためには、出口戦略に関する成功の要因だけでなく、失敗の原因についても見ておく必要があります。どのような点が問題となって失敗に至っているのかを知ることで、失敗を未然に防ぐことができるためです。

加えて、これは出口戦略だけに限った話ではありませんが、不動産投資の成功事例は〝結果論〟であることも少なくありません。裏を返すと、単純に条件に恵まれていたというケースも多いのです。しかし失敗の大半は、不動産投資家の行動に起因しています。

ほかの投資もそうなのですが、そもそも投資というものは、いかにリスクを潰せるかがカギを握ります。それというのも、情報の非対称性がない限り、リスクとリターンはあらゆる投資案件で比例しているためです。

情報の非対称性というのは、例えば「インサイダー取引」をイメージしてもらえば分かりやすいでしょう。インサイダー取引とは、株式の取引において株価に重大な影響を与える情報を得た者が、その情報が公開される前に株式等の売買を行う行為を指します。

本来、取引の公正性を担保するためには、オープンにされている必要情報から各人が意思決定を行うべきです。一部の者しか知らない情報で株価を操作されてしまえば、市場の公正性を担保することはできません。

不動産投資においても同様で、通常、物件に関する必要情報はオープンにされています。それらの情報を基に、各不動産投資家が意思決定を行っているというわけです。そのような前提がなければ、誰も安心して取引することなどできません。

そのような前提に基づくと、出口戦略を含めて、不動産投資で失敗する人には「必要な情報にアクセスしようとする意識」が希薄であると分かります。必要な情報は基本的にオープンにされています。大切なのは、そこにアクセスしようとするかどうかです。

例えば中古物件であれば、「現況年間家賃収入」「満室想定年間家賃収入」「稼働率（入居率）」「各部屋の家賃」などの情報は、家賃表（レントロール）を見れば分かります。レントロールはまさに、不動産投資情報の宝庫です。

レントロールは、そこに記載されている数字を眺めるだけでなく、数字の裏側を読み取ることが大切です。具体的には「家賃水準は適正か？」「ばらつきはないか？」「ほかの支出や収入はどうか？」などの情報です。

これらの情報を基に、一般的な賃貸物件や周辺物件と比較しつつ、入居率および空室率の現状を分析します。さらに物件概要書も請求しておけば、構造や面積、容積率、建ぺい率、都市計画、用途地域などからも物件を把握することができるでしょう。

ちなみに周辺物件の家賃水準については、周辺物件の賃貸情報にアクセスすれば分かります。家賃の推移についても同様で、過去のデータをチェックしたり、不動産業者にヒアリングしたりすればすぐに分かります。

あとは、物件本体の取引事例や金融機関の評価、周辺の土地・建物の価格について網羅しておけば、出口戦略の立案に必要な情報が得られます。

このように、必要な情報がどのようなものなのかを知り、そこにアクセスできるかどうかが、出口戦略の成否を分けることとなります。

# 知っておきたい「融資」の基礎知識

最後に、不動産投資に関連する融資のポイントについて見ておきましょう。

すでに述べているように、不動産投資は銀行をはじめとする金融機関から融資を受けて行います。その理由は、物件の価格が数千万～数億円であることに加えて、レバレッジを効かせるためということでした。

豊富な資金を有している人の中には、現金で不動産を購入するという人もいるでしょう。ただしその場合、レバレッジという不動産投資特有のメリットを享受できないという点は認識しておく必要があります。

その点、資金が潤沢にないという人は必要最低限の資金を頭金にし、融資を受けて不動産投資を行っていくのが懸命でしょう。その上で自らの信用力を〝てこ〟にし、資産形成を積み重ねていくのが常道です。

例えば、同じ利回り８％の物件であっても、物件価格が２０００万円なのか、５０００万円なのかによって収益は変わってきます。２０００万円の８％は１６０万円ですが、５０００万円の８％は４００万円だからです。

　もちろん、融資を受けるということは利息の支払い義務が生じることになるため、返済利息も加味して収益を計算する必要があります。その上で、融資を受けたほうがより多くの利益を得られるのであれば受けるべきなのです。

　会計の基本について学んでいる人にとっては常識なのですが、そもそも事業というのは、「お金を集めて」「投資を行い」「利益を獲得する」という三つの段階で成り立っています。不動産投資もまたその点では変わりありません。

　なぜ融資を受けるのかと言うと、必要な資金を集めるためには「（出資者から）出資してもらう」か「他人から借りる」しかないわけですが、こと個人で行う不動産投資の場合、出資してもらうことは「自分のお金を使う」ことにほかなりません。

　株式会社であれば出資者を募ることもできますが、不動産投資の出資者は基本的に自分だけです。そのため自己資金だけで不動産投資ができないのであれば、他人から借りるしかありません。

　そして、その場合の他人は金融機関となるのが通例です。もちろん知人や友人から融資を受けてもいいのですが、数千万〜数億円規模となると難しいのが実情でしょう。だからこそ金融機関からの融資付けは、基本スキームに組み込まれているのです。

金融機関の審査がどのようにして行われるのかについてはすでに紹介したとおり、投資家の属性や物件の収益性などで判断されます。

ただし、融資の条件（金利や返済期間など）や上限額、審査の可否は各金融機関によって異なります。

金融機関にはいくつかの種類があり、規模が大きいほど条件は良くなりますが、審査は厳しくなります。審査が厳しい（融資条件が良い）順番は、概ね次のようになります。

- **メガバンク（都市銀行）**
- **地方銀行**
- **信用金庫・信用組合**
- **ノンバンク**

そのほかにも、日本政策金融公庫や商工中金など、政府系の金融機関から融資を受けることも可能です。ただし審査が厳しい傾向にあるため、属性や物件の内容に応じて使い分けるといいでしょう。

## 知っておきたい「税務」の基礎知識

出口戦略とも関連する事項として、融資とともに確認しておきたいのが「税務」についてです。特に不動産投資の場合、得られる利益が大きくなりやすい分、税金の支払いも高額になる傾向があります。

支出という意味においては、広告宣伝費や管理費用などの諸経費と、国・地方自治体等に支払う税金に変わりはありません。支払い先が異なっているというだけで、不動産投資に伴う出費である点は同じなのです。

ただ、費用の支出が臨機応変に減らしたり増やしたりできるのに対し、税金の支払いは税法に基づいて行われます。デッドクロスについて考えるときもそうですが、この税金は不動産投資において決して軽視できない要素と言えます。

では、不動産投資に関連する税金にはどのようなものがあるのでしょうか。税金の種類とその概要について見ていきましょう。

不動産投資にかかる税金は、主に「購入（取得）時」「保有時」「売却時」の三つがあります。購入時に必要な税金としては、次のようなものがあります。

- **登録免許税**
- **不動産取得税**
- **印紙税**

登録免許税とは、取得した不動産の所有権等の権利を登記する際にかかる税金です。「固定資産税評価額×税率」によって求められます。軽減措置が適用される場合を除けば、税率は土地・建物ともに２％となります。

ちなみに、抵当権の設定時も登録免許税がかかりますが、この場合は債権金額の０・４％です。

不動産取得税とは、不動産を取得した場合にかかる税金です。「固定資産税評価額×３％」となります。こちらも、軽減措置や特例措置が適用される場合には、税率が少なくなります。

### 不動産売買契約書の印紙税一覧表

| 契約金額 | 本則税率 |
|---|---|
| 10万円～50万円以下 | 400円 |
| 50万円～100万円以下 | 1千円 |
| 100万円～500万円以下 | 2千円 |
| 500万円～1千万円以下 | 1万円 |
| 1千万円～5千万円以下 | 2万円 |
| 5千万円～1億円以下 | 6万円 |
| 1億円～5億円以下 | 10万円 |
| 5億円～10億円以下 | 20万円 |
| 10億円～50億円以下 | 40万円 |
| 50億円超え | 60万円 |

出典：国税庁「不動産売買契約書の印紙税の軽減措置」を基に作成

印紙税とは、不動産の売買契約書に添付される印紙に基づく税金です。税額は不動産売買契約書に記載された金額（取引価格）によって異なり、例えば5000万円を超え1億円以下で6万円、1億円を超え5億円以下では10万円とされています（国税庁「印紙税額（令和元年6月現在）」より）。

また、保有時に必要な税金には、次のようなものがあります。

- **固定資産税**
- **都市計画税**
- **所得税**

## 所得税の速算表

| 課税される所得金額 | 税率 | 控除額 |
|---|---|---|
| 195万円以下 | 5% | 0円 |
| 195万円～330万円以下 | 10% | 97,500円 |
| 330万円～695万円以下 | 20% | 427,500円 |
| 695万円～900万円以下 | 23% | 636,000円 |
| 900万円～1,800万円以下 | 33% | 1,536,000円 |
| 1,800万円～4,000万円以下 | 40% | 2,796,000円 |
| 4,000万円超 | 45% | 4,796,000円 |

出典：国税庁「所得税の速算表」を基に作成

### ・住民税

固定資産税、都市計画税については、各市区町村（東京23区は都）が定める税額に基づいて定められており、課税標準は固定資産税評価額です。ちなみに固定資産税評価額は、3年に一度見直されています。

所得税や住民税については、課税所得額が課税標準になり、収入に応じて変わります。住民税は概ね全国一律10%で、所得税は課税される所得金額によって税率と控除額が決められています。

さらに、物件の売却時にも利益が出れば、同じように所得税や住民税がかかります。このように不動産投資には各種の税金がかかることを見越し、可能な限り税金を少なくする工夫が必要となります。

## 知っておきたい「法律」の基礎知識

税金についての理解を深めた上で、不動産投資に関連する「法律」についても確認しておきましょう。この場合の法律とは、不動産投資に関連するルールとして捉えておけば間違いありません。

出口戦略に限った話ではありませんが、法律に関する知識は非常に重要です。なぜなら、世の中には法律を逸脱するかたちで提案してくる悪い業者もいるためです。知らず知らずのうちにそのような業者の提案を受け入れている人もいます。

特に不動産は、衣・食・住のうちの「住」という重要部分を担うものであり、生活における基盤です。そのため、法制度の観点から見ると、使用者（入居者）を保護する目的で定められているものが中心です。

具体的なものとしては「権利に関する法律」「取引に関する法律」「利用に関する法律」

## 不動産投資で押さえておくべき法律

<table>
<tr><th colspan="2">権利に関する法律</th></tr>
<tr><td colspan="2">・民法　・借地借家法<br>・不動産登記法　・建物の区分所有に関する法律　など</td></tr>
<tr><th>取引に関する法律</th><th>利用に関する法律</th></tr>
<tr><td>・宅地建物取引業法<br>・国土利用計画法<br>・農地法　など</td><td>・建築基準法<br>・都市計画法<br>・農地法　など</td></tr>
</table>

の三つが不動産投資に関連しています。

それぞれの大本となる法律には上の図のようなものが挙げられます。

このうち特に重要なのは、民法、宅地建物取引業法、借地借家法の三つです。これらは不動産の購入から所有、さらには売却時にも関連することが多いため、必要最低限の内容は押さえておくべきでしょう。

例えば民法は、不動産取引の大原則となる一般規定が定められています。売買契約や賃貸借契約に関連する「債権」や、物件の所有権や地上権を定める「物件」、さらには入居者トラブルの解決につながる基本原則も民法が定めています。

ただし、民法の条文数は1000を超えるため、そのすべてに目を通す必要はありません。むしろ関連する事象が生じたときに、必要な条文をチェックできるようにしておくといいでしょう。

現段階で押さえておきたいのは、２０２０年４月１日から改正される債権法（民法の契約等に関する部分）についてです。これは、民法制定以来となる約１２０年ぶりの変更で、「保証人」「消滅時効」「賃貸借」に関することも変わっているため、あらかじめチェックしておきましょう。

また宅地建物取引業法は、不動産取引に関する売買契約や賃貸借契約のルール、免許、誇大広告の禁止について定められています。不動産取引の適正化につながるものなので、あらかじめ、基本的なルールを見ておくといいでしょう（宅地建物取引業法平成30年４月１日施行）。

三つ目の借地借家法については、主に借主保護の観点から規定が定められています。民法に優先する特別法となるため、「対抗要件」「建物の所有」「建物の引き渡し」など、トラブルに関連しそうな項目は目を通しておくべきです。

実際の法的トラブルに関しては、弁護士をはじめとする専門家に依頼するのがベストです。ただ、取引に関連する法律関係がどうなっているのかを頭に入れておくことで、未然にトラブルを防ぐことにつながることは間違いありません。ぜひ法的な部分に関しても、気を配るようにしましょう。

## あらためて考える家賃保証の是非

ここまでの話を踏まえて、出口戦略の内容とその方向性がイメージできた人の中には、「やっぱり、家賃保証はあったほうがいいかもしれない」と思う方もいるかもしれません。

その感覚はあながち間違いではありません。

なぜなら、出口戦略がシミュレーションによって成り立っている以上、物件を保有している間の家賃収入には、再現性の高さが求められるためです。想定以上に入居率が低くなったり、あるいは空室率が高まったりすると、綿密な計画も机上の空論となってしまいます。

その点、家賃が保証されているサブリース契約にも利点はあります。家賃が保証されているということは、それだけシミュレーションに基づいた不動産投資ができるということであり、それが再現性の高さにつながります。

では、家賃保証は本当に優れた仕組みなのでしょうか。その是非について、あらためて考えてみましょう。

出口戦略を含む不動産投資の計画は、これまでにも述べてきたように、さまざまな視点からのシミュレーションが大事です。なぜなら想定されるリスクやリターンは、あくまでも既存のデータを基に構築された仮説であり、１００％そうなるとは限らないためです。望ましい状況が実現された場合だけでなく、入居率や空室率が悪化した場合、さらには最悪のケースも想定してシミュレーションしておくべきです。

家賃保証が付いている物件（サブリースなど）の場合、入居率・空室率を気にしなくていいと思われるかもしれませんが、現実はそうもいきません。事実、契約の変更によって不動産経営が苦しくなっているケースも多いのです。

こと投資という観点で考えると、まったくのノーリスクはあり得ません。もしあったとすれば、その投資はリターンも得られないと考えるべきです。先にも述べましたがあらゆる投資においてリスクとリターンは比例するからです。

リスクとリターンが比例するのであれば、どの点に各投資手法の違いがあるかと言うと、それは「リスクに対する対処の方法」であると言えるでしょう。つまり、リスクに対処するためのオプションがどれだけ用意されているかがポイントになるのです。

投資家の中には、リスクのことを「リターンのばらつき」であると表現する人もいます。たしかに、リターンを得るために行う投資において、得られるリスクが上下するというのはそれ自体がリスクであるとも考えられます。

ただ、リスクを完全にゼロにすることはできず、リターンのばらつきを除外することは不可能です。入居者の状況はその時々に変わりますし、サブリースをはじめとする家賃保証の内容も変更される可能性があるためです。

そうであるのなら、投資する段階でリスクを無視するような姿勢をとるのではなく、積極的にリスクに対処していくことが大事なのではないでしょうか。そのために必要なのは、売却という選択肢を視野に入れ続けることに尽きます。

家賃保証があるから物件を持ち続けていればいいという発想は、いたずらにリスクへの耐性をおとしめることになりかねません。やはり5年後、10年後、20年後の売却をイメージし、いつでも動けるようにシミュレーションしておくことが大切なのです。

# 不動産投資は事業である。投資計画や資金計画を確認しよう

あらゆる投資がそうであるように、不動産投資にもまた成功者と失敗者がいます。それはすなわち、成功するやり方と失敗するやり方があるということであり、その違いが結果の違いとなって表出しています。

出口戦略（投資計画・資金計画含む）についても同様です。たまたまうまくいった場合はともかく、出口戦略への正しい理解と綿密な計画、そして度重なるシミュレーションによって初めて、高い成功確率を誇る出口戦略が構築されます。

やはり最終的には、不動産投資を始める段階での投資計画や資金計画がものを言います。すでに述べているように、購入後にできる対策は限られており、大切なのは購入時の意思決定プロセスが堅実であるかどうかなのです。

それは必ずしも「石橋を叩いて渡る」ことを意味しません。慎重になりすぎる人ほど投資を始められないように、どこかの段階で投資をスタートできなければ、いつまで経って

も不動産投資で成功することはできません。
そうではなく、どの段階まで煮詰めた上で始めるのかを自分なりに見極めておき、着手までの適切な準備を進めておくことが大事なのです。出口戦略の立案は、まさに不動産投資における準備の肝となります。

さらに付言しておくと、購入前に立案した出口戦略は、購入後、柔軟に変えていく姿勢が求められます。なぜなら不動産投資を取り巻く状況は、刻一刻と変化していくためです。

例えば、物件を購入した5年後に市況が大きく上振れ（下振れ）した場合、当初の出口戦略はひとまず置いて、売却を検討したほうがいいかもしれません。特に急速な市況の変化には、事前の計画で対応することはできません。

ちなみに不動産の市況というのは、いわゆる〝景気〟動向から遅れて反応する傾向があります。例えば経済（株価や為替状況）が悪化した場合、その半年～1年後ぐらいに不動産価格も値下がりしてくるといったイメージです。

バブル景気の頃も、バブルが崩壊してしばらくしたあと、不動産価格が下落しています。リーマン・ショックのときも同様です。特に金融機関の融資に影響が出てくると、不動産投資全体の市況も落ち込みます。

そして事前の計画というのは往々にして、そうした予測不可能な危機には対処できないものです。

そのように考えると、事前の準備にどこまで意味があるのかと疑問に思う人もいるかもしれません。悩ましいところですが、〝石橋を叩く〟ためではなく、自分で納得できる意思決定の過程を学び、より良い投資をするための出口戦略であると考えてください。

準備のための準備に意味はありません。不動産投資を始める理由を探し、その理由が見つかった段階でスタートしたところで、失敗してしまっては本末転倒です。そうではなく、成功確率を高めるために、行動を積み重ねるという意識を持つことが大切です。

効果がない可能性が高いから行わないという姿勢は、投資の成功確率を下げる要因となります。行動と計画のバランスが、不動産投資の中長期的な成績に影響するのです。常に投資計画と資金計画を見直し、出口戦略を改善していきましょう。

# 第4章

## レアボロ物件の投資ノウハウさえ押さえておけば、不動産投資で成功できる！

# 不動産投資ではエリアを絞らない

不動産投資はエリアの選定が非常に重要です。どの地域・どの立地の物件を購入するのかによって、入居率および空室率に大きな差が生じ、物件の収益状況、さらには不動産投資全体の収支に影響が及ぶためです。

ただこのことは、「エリアを限定して不動産投資をしよう」ということではありません。確実に需要が見込める東京都にエリアを限定して不動産投資を行うことを勧める業者もいますが、それでは可能性が狭まってしまいます。

例えば人口で考えると、日本の総人口は２００８年をピークに減少しています。東京都、神奈川県、千葉県、埼玉県などの関東近郊では増加していますが、出生数から死亡数を引いた「自然増」ではありません。

２０１８年の段階で、自然増を記録しているのは沖縄県だけです。その他の地域に関しては、あくまでも人が流入しているため増えているということであり、これから先こうした傾向は変わらないと見られています。

一方で、人口の自然増を記録している沖縄や、流入増を記録している関東近郊でのみ不動産投資を行うことは、いたずらにレッドオーシャンへと参入することになりかねません。人口の推移は誰もがチェックしているためです。

特に東京都は、２０２０年の東京オリンピック・パラリンピックや外国人労働者の増加、さらにはインバウンド需要など、さまざまな点でチャンスがあると言われています。また、オリンピック後のレガシーにも注目が集まっています。

しかしそれを言うなら、マラソン・競歩の開催地である札幌にも注目するべきですし、あるいは将来的な開発という意味では、２０２５年に開催される予定の大阪万博に伴う開発も同様に不動産需要の伸びが期待できます。

すでに２０１９年9月～11月にかけて開催されたラグビーワールドカップでは、日本で行われる国際イベントがもたらす高い経済効果を証明しました。しかもそれは、東京都に限った話ではありません。

公益財団法人ラグビーワールドカップ２０１９組織委員会の２０１８年の調査によると、大会開催における経済波及効果は４３２７億円、観戦者は最大１８０万人、訪日観光客は40万人を記録するとされ、インバウンド需要がさらに高まる契機となりました。

## ラグビーワールドカップ2019の経済効果

| 経済波及効果 | GDP増加分 |
|---|---|
| 4,372億円<br>（29.7億ポンド） | 2,166億円<br>（14.7億ポンド） |

| 直接効果 | 第一次間接効果 | 第二次間接効果 |
|---|---|---|
| 経済波及効果<br>1,917億円<br>（13.0億ポンド） | 経済波及効果<br>1,565億円<br>（10.6億ポンド） | 経済波及効果<br>890億円<br>（6.1億ポンド） |
| GDP増加分<br>988億円<br>（6.7億ポンド） | GDP増加分<br>725億円<br>（4.9億ポンド） | GDP増加分<br>453億円<br>（3.1億ポンド） |

出典：公益財団法人ラグビーワールドカップ2019組織委員会「ラグビーワールドカップ2019大会前経済分析レポート」を基に作成

試合の開催都市は関東近郊だけでなく、札幌市、岩手県釜石市、静岡県袋井市、愛知県豊田市、大分市、熊本市など全国に散らばっています。同団体が発表しているレポートによると、大会の開催で次のような経済効果が期待されました。

- **インバウンドの観戦客の誘引**
- **訪日外国人客の滞在日数の長期化**
- **産品自給率の向上**
- **訪日外国人客の滞在中の消費刺激**
- **税収の拡大**

このように、国際イベントに基づく需要の変化に加えて、各地域にはさまざまな特性があります。そして不動産需要の増減は、あらゆる地域に点在しています。だからこそ、不動産投資ではエリアを限定するべきではないのです。

## リスクを避けてリターンを得るための方法

エリアに関する考え方の次は、リスクの捉え方について見ていきましょう。

これまでにも紹介しているように、不動産投資にはさまざまなリスクがあります。例えば空室リスク、家賃下落リスク、金利上昇リスク、天災リスクなど、人的なものから自然に関するものまで、あらゆる面からリスクが想定できます。

ただ、リスクがあること自体を、必要以上にマイナスに捉える必要はありません。リスクがあるということは、リターンも得られる可能性があるということであり、大切なのはそのリスクが回避できるかどうかです。

その点、いかにリスクを避けてリターンを得るかということが、不動産投資家にとって最大の関心事になるわけです。あらゆる不動産関連のサービスは、そのリスクを回避するためにあると言っても過言ではないでしょう。

ただ一方で、すべてのリスクが事前に想定できるとは限りません。だからこそ大切なのは、想定外のリスクが生じたときにも対処できるように、リスクに対する捉え方を身に付けておくことなのです。

例えば、不動産投資に関連するリスクの捉え方には、次のようなものがあります。個別の対処法を知るというより、どのような視点を持ってリスクヘッジを行うべきなのかについて考えてみましょう。

## 1．収入に関するリスク回避の考え方

収入に関するリスクには、主に「空室率の上昇（入居率の低下）」「家賃収入の減少（賃料の下落）」「中途解約」「貸主による家賃滞納」などが挙げられます。これらはすべて、不動産投資の収入に関わる事項です。

これら収入に関連するリスクは、その場しのぎのテクニックで回避しようとするのではなく、根本的な不動産経営の改善をベースに考えることが大切です。つまり「①入居者から選ばれやすいこと」「②入居者が退去しにくいこと」を目指すのです。

そのために必要なのは、土台となる物件価値の向上です。ターゲットとなる入居者層が何を求め、どのような価値を提供すればいいのかを検討し、周辺物件に負けない魅力を備えるための工夫が求められます。具体的には次のとおりです。

**・賃料の適正化**
**・フリーレントの活用**
**・敷金や礼金、更新料の工夫**
**・間取りの工夫**
**・ペット、楽器、オートバイなどの許可・不許可**
**・外国人への対応**
**など**

## 2．支出に関するリスク回避の考え方

次は、支出に関するリスクについてです。不動産投資に伴う支出には、主に「維持・管理・修繕費用」「ローン返済（元金＋利息）」「税金（保有税＋所得税）」の三つがあります。

これらの支出が不動産投資の利益に影響を及ぼします。

支出に対するリスクも収入と同様に、ベースとなる不動産の価値の維持を基準に考えることが大切です。具体的には、「修繕費用の事前準備」「法人での所有による節税」「各種専門家との連携」などが挙げられます。

このうち特に重要なのは、専門家との連携です。管理や修繕、融資、さらには節税に関する事項については、各分野の専門家と相談しながら進めるのがベストです。そのための投資が支出を最小限に抑えるための秘訣となります。

## 3. 天災、人災、経済事情に関するリスク回避の考え方

最後に天災、人災、経済事情に関するリスクについても見ていきましょう。これらについては未然に防ぐというより、「発生した場合の損害を最小限に抑える」ことを目指すべきです。

例えば天災の場合は、地震保険や火災保険の活用が基本となります。最近では津波や洪水などの水害も多発しているため、そうした異常気象による被害もカバーできる保険を選ぶ必要があります。

一方で人災や経済事情に基づくリスクについては、施設賠償責任保険や孤独死保険などでカバーしつつ、投資戦略全体でフォローします。具体的には、条件（エリアや立地、入居者層など）が異なる複数の物件を保有したり、ほかの投資も組み合わせたりなど、投資全体で被害を抑える工夫が求められます。

## 減価償却を最大限に活用しよう

本章でも触れていますが、不動産投資でより多くの収益を上げるためには、減価償却を上手に活用することが大切です。支出が伴わない費用としての減価償却は、支出を減らして収入を増やすことができる、究極のツールなのです。

ここであらためて、補足的に、減価償却の仕組みについて解説しておきましょう。

そもそも減価償却とは、不動産をはじめとする資産が、それを使用するにつれて、資産（財）としての価値を徐々に減少させていくという発想に基づいています。ポイントは、〝徐々に減少させていく〟という点にあります。

通常、事業活動で支出した費用はその全額を経費として計上します。所得税の課税対象となるのは、売上から経費を差し引いた「課税所得」であるため、経費を積み増せば積み増すほど利益が圧縮され、課せられる税金は少なくなります。

ただし、通常の費用は支出したタイミングで経費になるため、常に出費を伴うことになります。つまり獲得した売上を、支出を伴う経費というかたちで縮小させ、利益と税金の双方を減らすわけです。

投資においても事業においても、より多くの利益獲得を目指すのが普通ですが、利益が多くなれば税金も多くなり、税金を少なくしようとして経費の支出をすれば利益が減るわけなので、投資家（事業者）には慎重な判断が求められます。

一方で、不動産のような固定資産を所有する場合は、少し事情が異なります。なぜなら減価償却という仕組みが適用されるからです。具体的には、取得した段階で全額経費になるのではなく、期間で按分して経費計上されるわけです。

その結果どうなるのかと言うと、「支出が伴わない経費が発生する」ことになります。この支出が伴わない経費が、不動産投資における税務上の工夫を可能にし、節税と利益獲得の両方を可能にするのです。

第3章のデッドクロスの項でも紹介しましたが、不動産の減価償却は不動産投資の収益に影響を及ぼします。

そもそも、不動産投資の収益源は家賃収入です。そこから諸経費としての管理費や修繕費などが差し引かれ、課税所得が求められます。ただしこの諸経費には、管理費や修繕費、水道光熱費、返済利息などは含まれるものの、ローン返済の〝元金〟は含まれません。

そのため、減価償却費として計上できる経費よりも元金返済額が上回ってしまうデッドクロスを避けつつ、運用していくことが大事なのです。その点、耐用年数が短い築古物件などは減価償却を使って経費を膨らませ、節税につなげることも可能です。

ちなみに、減価償却のベースとなるのは会計です。会計上、保有資産を正しく評価するという観点から、減価償却という発想が生まれました。

減価償却は、固定資産を使用可能期間（耐用年数）で捉え、それぞれの期間で均等に負担させるという考え方を基礎としているということでしたが、これはいわゆる「定額法」と呼ばれる計算方法になります。

その後、定率法や生産高比例法なども登場し複雑化していくのですが、不動産の減価償却計算においては、まず定額法の概念を理解しておくことが大切です。減価償却についての理解を深め、不動産投資を最適化していきましょう。

## トレンドに見る不動産市場の未来

不動産の動向が経済に影響を与えるように、経済の動向もまた不動産に影響を与えます。それは物件価格（土地・建物）や家賃水準だけでなく、入居率や空室率、さらには融資状況にも影響してきます。

その点、不動産投資の未来を占うには、経済の行動をウォッチしておくことが大切です。特に日本経済は、今後どのような方向に向かっていくのでしょうか。数年先のトレンドから不動産市場の未来について考えてみましょう。

日本経済の先行きを見通す上で、最も分かりやすいイベントは２０２０年に開催される東京オリンピック・パラリンピックです。世界的なイベントである五輪はやはり、日本経済にも大きなインパクトを与えると予想されています。

東京都オリンピック・パラリンピック準備局の資料によると、２０２０年の大会によって投資や支出の増加が期待されています。具体的には「①直接的効果」と「②レガシー効果」によって、経済波及および雇用の誘発が見込まれているのです。

例えば、東京都のみの需要増加額は、直接的効果で約２兆円、レガシー効果で約12兆円と、合計で約14兆円もの経済効果があるとされています。それぞれの詳細な需要については次の図のとおりです。

また、経済波及効果（生産誘発額）については、東京都のみで約20兆円、全国で約32兆円とされています。各項目を見てみると、東京都だけでなく生産誘発額、付加価値誘発額や雇用者所得誘発額ともに全国的なプラスの影響があると分かります。

このことからも、東京以外の地域に着目するべき意義があると言えそうです。

## 東京2020大会開催に伴う需要増加額

### ①直接的効果

（単位：億円）

| 項目 | 内容 | 需要増加額 |
|---|---|---|
| 施設整備費 | 恒久施設整備費 | 3,500 |
| 大会運営費 | 仮設施設整備費、エネルギーインフラ、輸送、セキュリティ、テクノロジー、オペレーション、管理・広報、その他 | 10,600 |
| その他 | 大会参加者・観戦者支出、家計消費支出、国際映像制作・伝送費、企業マーケティング活動費 | 5,690 |
| 合計 | | 19,790 |

### ②レガシー効果

（単位：億円）

| 項目 | 内容 | 需要増加額 |
|---|---|---|
| 新規恒久施設・選手村の後利用、東京のまちづくり、環境・持続可能性 | 新規恒久施設・選手村の後利用、大会関連交通インフラ整備、バリアフリー対策、水素社会の実現等 | 22,572 |
| スポーツ、都民参加・ボランティア、文化、教育・多様性 | スポーツ実施者・観戦者の増加、障害者スポーツの振興、ボランティア活動者の増加、文化イベント観客の増加、外国人留学生の増加等 | 8,159 |
| 経済の活性化・最先端技術の活用 | 観光需要の拡大、国際ビジネス拠点の形成、中小企業の振興、ＩＴＳ・ロボット産業の拡大等 | 91,666 |
| 合計 | | 122,397 |

出典：東京都オリンピック・パラリンピック準備局「東京2020大会開催に伴う経済波及効果（平成29年3月）」を基に作成

さらに、雇用誘発数についてはどうでしょうか。こちらに関しては、東京都で約１３０万人、全国で約１９４万人とされています。マラソンと競歩は札幌市で行われることになったため、雇用誘発状況はより地方に寄ると考えられます。

## 東京2020大会開催に伴う経済波及効果（生産誘発額）

（単位：億円）

| 項目 | 生産誘発額 | | 付加価値誘発額 | | 雇用者所得誘発額 | |
|---|---|---|---|---|---|---|
| | 東京都 | 全国 | 東京都 | 全国 | 東京都 | 全国 |
| 直接的効果 | 33,919 | 52,162 | 17,287 | 24,824 | 9,708 | 13,664 |
| レガシー効果 | 170,488 | 271,017 | 88,874 | 130,516 | 51,765 | 73,492 |
| 総計 | 204,407 | 323,179 | 106,161 | 155,340 | 61,473 | 87,156 |

## 東京2020大会開催に伴う雇用誘発数

（単位：人）

| 項目 | 雇用誘発数 | |
|---|---|---|
| | 東京都 | 全国 |
| 直接的効果 | 206,676 | 306,265 |
| レガシー効果 | 1,089,376 | 1,632,674 |
| 総計 | 1,296,052 | 1,938,939 |

出典：東京都オリンピック・パラリンピック準備局「東京2020大会開催に伴う経済波及効果（平成29年3月）」を基に作成

別のイベントにも目を向けてみましょう。２０２５年に大阪で開催される予定の国際博覧会（大阪万博）もまた世界的なイベントということもあり、市場の関心が高まっています。大阪での開催は１９７０年以来の55年ぶり。経済・不動産にもプラスの影響がありそうです。

今回のテーマは「いのち輝く未来社会のデザイン」です。開催期間は２０２５年４月13日～10月13日までの全１８４日間で、想定入場者数は約２８００万人。２００５年に開催された「愛知万博」より４割ほど多い計算となります。このうち、海外からは３５０万人が訪れるとされており、インバウンド消費のさらなる向上が期待されています。

また、大阪万博の開催に伴い会場周辺は特区に指定され、医療や健康、小型無人機（ドローン）、クルマの自動走行、ロボットなどの実験が行われる予定です。コンセプトは「未来社会の実験場」。会場内でも拡張現実（ＡＲ）や複合現実（ＭＲ）の技術を活用した展示が行われるなど、近未来をイメージしたテクノロジーの導入も見どころになりそうです。

経済効果としては、会場建設費だけでも約１２５０億円と、その規模の大きさがうかがえます。りそな総合研究所の試算によると、大阪万博に伴う経済波及効果は全国で２兆２０００億円。そのうち、建設効果が４０００億円弱、来場者の消費等が

１兆８０００億円強になるとされています。

すでに、関西圏のホテルや建設関連の株価が上昇するなど、水面下では影響が出てきているようです。日本経済全体に影響するオリンピック・パラリンピック後の〝五輪ロス〟を避けるという意味でも、大阪万博が果たす役割は大きいと言えそうです。

ちなみに、大阪万博の会場となる大阪市湾岸部の人工島「夢洲《ゆめしま》」は、カジノを含むＩＲ施設の設置候補としても注目されています。２０１９年４月に行われたダブル首長選では、ＩＲ推進派である松井一郎氏と吉村洋文氏がそれぞれ市長・知事に当選し、ＩＲの推進に向けて民意が得られたかたちです。大阪府・大阪市が発表している「大阪ＩＲ基本構想（案）」によると、ＩＲの推進に伴うＭＩＣＥ（マイス）施設の整備によって、ビジネス・地域経済・都市の競争力といったさまざまな観点からプラスの効果があると期待されています。

## MICE 推進の意義

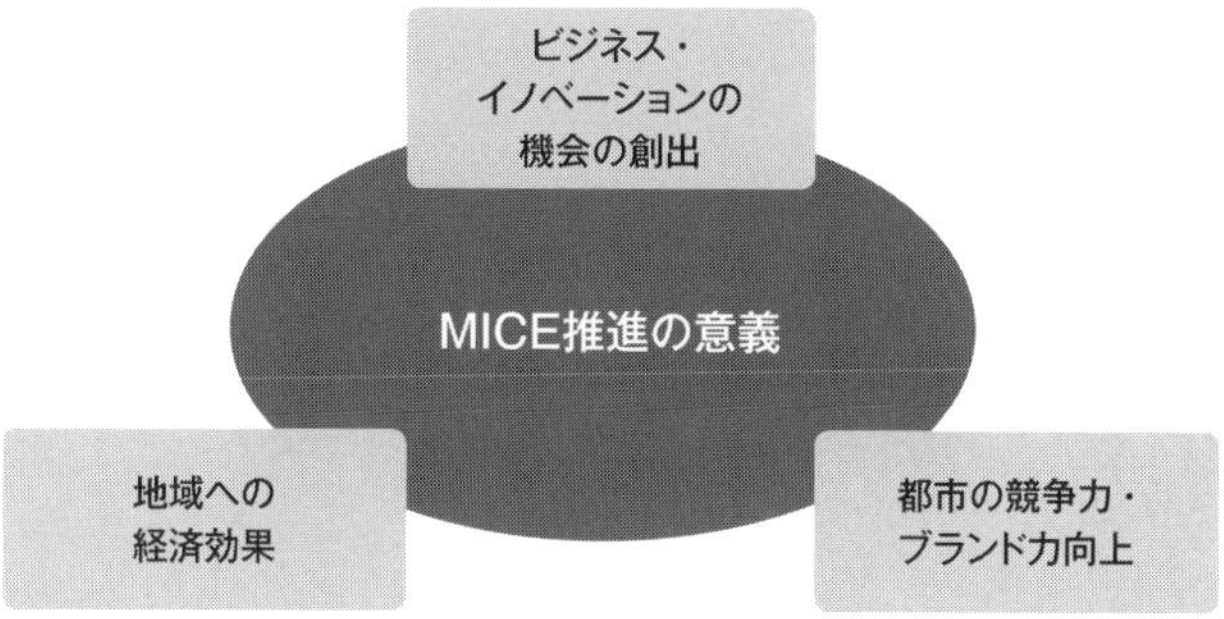


※MICEとは、企業等の会議（Meeting）、企業等の行う報奨・研修旅行（Incentive Travel）、国際機関、団体、学会等が行う国際会議（Convention）、展示会・見本市、イベント（Exhibition/Event）の頭文字のことであり、多くの集客交流が見込まれるビジネスイベントなどの総称

出典：大阪MICE推進委員会準備会「大阪におけるMICE推進方針（平成29年3月）」を基に作成

## 日本の国際会議による経済効果（ICCA基準）2016年

| | 企業会議 | 報酬・研修旅行 | 国際会議 | 展示会・見本市 |
|---|---|---|---|---|
| 外国人1人当たり総消費額 | 32.5万円 | 32.0万円 | 37.3万円 | 27.5万円 |
| 経済波及効果「直接」+「間接」 | 1,613.7億円 | 568.9億円 | 769.3億円 | 1,618.0億円 |
| 雇用効果（就業者全体） | 14,609人 | 4,928人 | 7,028人 | 14,352人 |
| 誘発税収額 | 126.1億円 | 45.2億円 | 60.4億円 | 124.8億円 |

出典：大阪府・大阪市「大阪IR基本構想（案）（2019年2月）」を基に作成

またイベントではありませんが、不動産に関連する事象として「生産緑地の２０２２年問題」も無視できません。これは、東京ドーム２０００個を超える農地が２０２２年に開放され、大量の住宅用地が市場に開放されると予想されているものです。

大量の土地が供給されることによって、既存の不動産に何らかの影響が出ることは間違いないでしょう。ただ、農地所有者や入居者・住宅購入者のニーズがどのように推移するのかは分からず、引き続き状況を注視しておく必要がありそうです。

このように、日本の不動産市場を左右する出来事はたくさんあります。日頃から情報に触れ、それらが不動産にどう影響するのかをウォッチしておきましょう。

## 「老後２０００万円問題」がもたらしたもの

不動産投資の今後について考えるとき、人口推移や個人の収支・支出、さらには金融資産の状況を見ておくことは重要です。そこに不動産投資をはじめとする資産形成の必要性と重要性が含まれているためです。

特にこれまで、多くの日本人にとってなじみがなかった資産形成は、一部の富裕層が資産を維持するために行われてきました。次世代に資産を引き継ぐためには、現状の資産を維持しつつ、増やしていく必要があるわけです。

その点、資産家ではない一般の人にとって、資産運用について学ぶ機会が与えられなかったのも当然かもしれません。しかし、これからは誰もが資産形成をしなければならず、それがそのまま老後の生活に直結します。

特に最近、大きな衝撃としてニュースにもなったのが、いわゆる「老後２０００万円問題」です。その発端は、金融審議会市場ワーキング・グループが提出した「高齢社会における資産形成・管理」という資料でした。

その資料に書かれていた内容は、データや数値をベースにした、非常に分析的なものでした。人口動態、国民の収入・支出、さらには金融資産や金融環境に対する意識などから、今後の対策として必要なことを導き出していたのです。

しかし政府としては、導き出された結論や提言の内容が、とうてい看過できるものではなかったようです。麻生副総理兼金融担当大臣は、報告書の受け取りを拒否。さらに、金融庁の担当者が謝罪する事態となりました。

では、報告書にはどのような提言が記載されていたのでしょうか。端的にまとめると「一般的な家庭の老後資産は2000万円ほど不足すると予想されるため、早い段階から資産形成を進めよう」ということでした。

年金財政が厳しくなっているということは、多くの人が共有している認識だったはずです。しかし、そこに「2000万円の不足」という大きな数字が加えられたことで、多くの人に衝撃を与えることとなりました。

2000万円不足するということは、定年までに2000万円の貯金を作っておかなければ、老後生活が破綻してしまうともとれます。それだけの資産を用意できる家庭はごくわずかであり、年金そのものの意義も疑われかねません。

その結果、金融担当大臣による受取拒否という異例の対応がなされたわけですが、しかしこのことは、それだけで済む問題ではありません。少なくとも僕たちは、2000万円という数字の是非を含め、適切に行動していかなければならないでしょう。

その場合の適切な行動とは、不足額がどのくらいになるのかはともかく、老後のための資金を準備するということです。それはすなわち、誰もが将来を考えて資産形成をしなければならないことを意味します。

では、具体的にどのような投資を行えばいいのでしょうか。僕は中古アパートを中心とした不動産投資こそ、資産形成に適していると考えています。特に数千万円規模の資産を作るために、不動産投資は大きく寄与すると思うのです。

「つみたてＮＩＳＡ」や「ｉＤｅＣｏ」など、税制上の優遇を受けながら資産形成できる手法も提供されていますが、それだけでなく不動産のような一定規模のある投資に着手することが、老後生活を安定化させることに貢献するのです。

## すべての人に資産形成が必要な時代へ

「年金２０００万円問題」に端を発する投資の必要性に関する議論は、僕たちの暮らしを根本から変えようとしています。特にこれからは一部の富裕層だけでなく、すべての人に資産形成が必要な時代が訪れようとしています。

これまでの日本の歩みを振り返りながら、どのような視点を持って投資をしていけばいいのか、ここであらためて考えてみましょう。

現在でも、日本人の多くは投資よりも貯金を重視する傾向にあります。その背景にあるのは、長年にわたり、貯金を推奨してきた社会的な事情があります。元を辿ると、話は戦前・戦後の歴史にまでさかのぼります。

そもそも、貨幣制度が制定されたのは江戸時代のことでした。その結果、商行為が盛んに行われるようになり、商売で成功する人も増えてきたわけです。そこから、預金や貸付など、金融の必要性も生じてきました。

一方で、本格的に貯金が行われるようになったのは明治時代に入ってからでした。当時、政府は郵便貯金制度を導入し、国民に貯金することを奨励したのです。そうすることで国民の経済生活の安定を図りました。

ただ、明治の段階ではそれほど国民の間で貯蓄が進んだわけではなさそうです。仕組みが提供されたからといって、個々人において貯蓄の必要性が認識されるようになったわけではなく、その意義や利点も周知されていなかったのでしょう。

しかし、第二次世界大戦後になると状況は大きく変わります。日本は敗戦を経て、国全体が困窮に陥るとともに、戦後復興という共通目的に向かって歩むこととなります。そこには経済成長という明確な目標がありました。

戦後復興を成し遂げるためには資金が必要です。そのための資金として「救国貯蓄運動」が展開されるなど、政府は国民に対し、積極的に貯蓄の必要性を指導・教育しました。その結果、徐々に貯蓄習慣が浸透していったわけです。

復興のために貯蓄が必要という論理とその方向性は、戦争を経験してきた世代にとって共感を伴うものでした。事実、焼け野原からの再出発を余儀なくされた日本は、国民が保有しているお金を集めなければならなかったのです。

当時の大蔵省（現・財務省）や日本銀行が主導した貯蓄の奨励は「貯金することは美徳である」という認識として人々に普及し、高い国民貯蓄率へと結実しました。それがやがて日本人の貯蓄好きへとつながっていったのです。

このような歴史的背景がある日本人にとって、投資よりも貯金が重視されているのは当然でしょう。政府は「貯蓄から投資へ」というスローガンを掲げるなど、投資を積極的に推進しようとしていますが、現実はそれほど変わっていません。

もちろん、貯金すること自体に問題があるのではありません。将来のことを考えず、得られたお金をすべて使ってしまうのは避けるべきです。しかし、貯金だけでなく得られたお金を運用していくこともまた重要なのです。

すべての人に資産形成が必要な時代だからこそ、貯蓄への偏りをあらため、積極的に投資していく必要があります。本書で紹介してきた不動産投資の場合、そのための方法論はすでに確立されています。

## 投資関連の情報を正しく評価するために

第2章でも述べているように、投資をする上で最終的に目指すべきなのは、自分の頭で考え、判断できるようになることです。いくら不動産投資の必要性を認識していたとしても、他人の話を鵜呑みにしているだけでは、中長期的な成功はおぼつきません。

特に投資関連の情報というのは、玉石混交です。インターネットの普及により、僕たちはいつでもどこでも膨大な量の情報にアクセスできるようになりました。しかしそのせいで、情報の質を自分で判断しなければなりません。

しかし、溢れる情報の正否を判断することは容易ではなく、忙しい人ほど目先の利益に惑わされてしまいがちです。また営業マンの巧みなトークは、素人が簡単に回避できるほど生易しいものではないのです。

誰でも情報を得られるということは、必ずしも情報を〝操作できるようになった〟ことを意味しません。選択肢が多ければ多いほど悩む時間も多くなるように、僕たちを取り巻く状況はより複雑化しています。

そのなかにおいて、自分にとって本当に価値のある情報だけを精査するには、一定の知識と知見、さらには土台となる経験が不可欠です。そうした経験がない人にとって正しい情報を見極めることは難しいでしょう。

そこで必要となるのが、専門家の存在です。不動産投資関連の専門家にはさまざまな人がいますが、主に次のような資格を有する人が関係しています。

- **宅地建物取引士（宅建士）**
- **住宅ローンアドバイザー**
- **不動産鑑定士**
- **マンション管理士**
- **税理士**

## ・ファイナンシャルプランナー

このうち各分野の専門家がどのような経験に基づいて意見を述べているのかをチェックし、比較しつつ、より正しいであろう情報を精査していくことが求められます。特に重要なのは、実績に基づくアドバイスをしているかどうかです。

専門家の中には、資格取得の段階で学んだ机上の論理を中心にアドバイスを提供している人もいます。もちろんそうした知識も大切なのですが、こと投資に関して言えば、過去の実績が伴っている必要があります。

なかでも不動産投資に関しては、一般的な不動産会社ではなく、不動産投資を専門としている企業の担当者から話を聞くようにしてください。専門業者の担当者でないと詳しい説明ができません。大手の仲介業者などは、実需（住居用）についての知識が中心で、かつ地元の情報しか持っていません。そのため理論的な知識はあるかもしれませんが、不動産投資や担当エリア外のことには詳しくないのが実情です。

経験を伴わない理論は、企業経営と同じく、実際の投資では通用しないケースが少なくありません。なぜなら現場の状況は常に変化しているからです。刻一刻と変化する状況に対処するためには、現場での経験に基づく知見が不可欠なのです。

机上で得た知識が理論をベースにしているとすれば、現場での臨機応変な対応はいわゆる〝勘〟や〝センス〟を土台にしています。そしてそれらは実際に経験している人だけが有しているものであり、経験者ならではのスキルです。不動産投資の成功確度を高めるには、理論だけでなくセンスが必要です。そして、センスは現場でこそ養われるものだと思います。溢れる情報の中からより確かなものを見極めるには、机上の理論だけでなく、実績の裏付けがあるかどうかも見るようにしましょう。

理論とセンス、そして実際の数字があれば、情報の確かさはより高まります。ぜひ玉石混交の情報からより良いものを選別するようにしてください。そのことが、投資の成功確率を高めるのです。

## マネーリテラシーを向上させよう

老後の生活まで見通した資産形成には、小手先のテクニックを繰り返すのではなく、原理原則を学んで着実に行動していくことが求められます。そのためのスキルとしては、マネーリテラシーを向上させることが必要です。

マネーリテラシーとは、簡単に言えばお金に対する知識のことであり、自らの資産を適切に運用するための考え方のことです。リテラシーとは「読み書き能力」のことですが、それをお金の使い方に転用したイメージでしょうか。

さて、残念ながら日本においては、このマネーリテラシーを向上させるための仕組みが整っていません。例えば義務教育において、どれだけお金の使い方について教わることがあったでしょうか。ほとんどの人が記憶にないはずです。

また、家庭内での教育においても同様です。家庭内でお金に関する教育が行われていないばかりか、なかにはお金の話をすることすらはばかられてきた人も多いのではないでしょうか。それではお金に関するリテラシーが高まるはずもありません。

米国などの諸外国では、子どもの頃からお金に関するリテラシーを高められる環境が用意されているケースも少なくありません。学校や家庭などにおいて、自然とマネーリテラシーが高められるようになっているのです。

そのようなリテラシーの違いは、家計の金融資産構成にも表れています。日本銀行調査

## 家計の金融資産構成

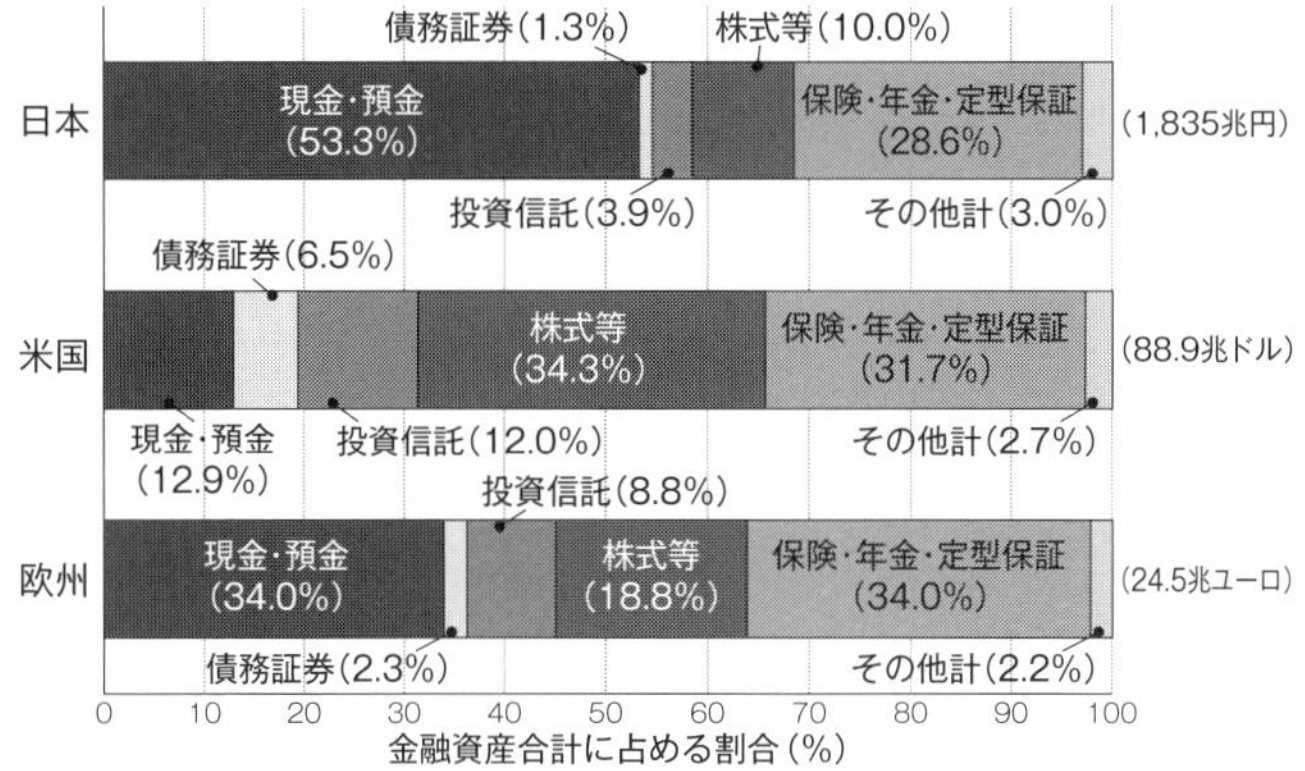


出典：日本銀行調査統計局「資金循環の日米欧比較」を基に作成

統計局の資料「資金循環の日米欧比較」では、次のように日本、米国、欧州（ユーロエリア）の金融資産構成が示されています。

このグラフを見ると分かるように、日本は現金・預金で資産を保有している割合が圧倒的に多いと分かります（53・3％）。一方で、株式等はわずか10％、保険・年金・定型保証も28・6％にすぎません。

他方、米国では現金・預金の割合が12・9％しかなく、株式等が34・3％、保険・年金・定型保証が31・7％、投資信託が12％、債務証券が6・5％と広くバランスしているのが分かります。

欧州に関しても、現金・預金と保険・年金・定型保証が同じく34％で、株式等、投資信託、債務証券は日本より多くなっています。このことからも日本と諸外国とのお金に対する認識の違いが垣間見えます。

このような傾向を踏まえて、どのような点でマネーリテラシーを高めていけばいいのでしょうか。ポイントは投資に対する認識を変え、労働収入だけでなく金融資産を育てる視点を持つことにあります。

特に、借金に対するイメージを変えなければなりません。自分の欲望を満たすだけの借金はするべきではありませんが、自らの資産形成に必要であり、かつ社会に価値を提供できる借金は積極的にするべきです。

ここで言う借金とはつまり、融資を受けることであり、不動産であればローンを組むことです。ローンを組んだ上で採算が取れるのなら、リスクとリターンをバランスさせる事業活動と同じことなのです。

そのような活動を通じて、社会が求める価値を提供していくこと。それが借金への理解を変え、資産形成にもつながるきっかけになると思います。その点、不動産投資というのはマネーリテラシーを高める活動としても適しています。

## ローリスクの中古物件で資金力を付け、目指せ大富豪！

投資の王道について知り、マネーリテラシーを高めれば高めるほど不動産投資がいかに優れた投資手法なのかが分かります。多くの資産家が不動産によって資産を拡大し、維持・管理してきたかを考えると、それは一つの事実です。

もちろん、不動産投資が優れた投資手法であることは、すべての資産を不動産に投資するべきということを意味しません。そもそも資産の大部分を何か一つに集中させることは、リスク分散の観点からもマイナスです。

そうではなく、少なくともポートフォリオの中に不動産を加えておくことが大事です。そして初期の段階では、優良な中古物件に投資しつつ、資産を増やし、より良いポートフォリオを組むことを目指すべきです。

ポートフォリオという考え方は、富裕層の間では常識となっています。現金など特定のものだけで自らの資産を管理していると、バランスが悪いばかりかリスクとリターンの双方から望ましくないためです。

例えば、安全性が高いとされている銀行預金も、そのリスクはゼロではありません。可能性は限りなく少ないのですが、金融機関が破綻しペイオフの範囲でしか預金が保証されないこともあり得るのです。

そのようなリスクを避けるためにタンス預金をしたとしても、リスクはゼロになりません。自宅の金庫にお金を入れておけば、その金庫が盗難や強盗にあう可能性がありますし、100%安全なセキュリティも存在しません。

さらに言うと、現金そのもののリスクもあります。そもそも現金というのは、硬貨や紙幣など単なる物であり、それ自体に価値があるわけではありません。事実、通貨の価値は日々変動しています。

為替の変動を見れば分かるように、世界の基軸通貨である米ドルを中心に、日本円の価値は時間の経過とともに揺れ動いています。その米ドルもまた、世界の金融に影響を受けて変化し続けているのです。

加えて、現金・預金にはインフレリスクもあります。インフレリスクとは、物価の上昇に伴い、現金の価値が相対的に下落してしまうリスクのことです。場合によっては、それまで100円で買えていたものが、120円必要になることもあるのです。

実際に起こるかどうかはともかく、歴史上ハイパーインフレが起きたケースはたくさんあります。例えば、２００８年のジンバブエや１９８０年代のアルゼンチン、第一次世界大戦後のドイツなどがその代表例です。

ハイパーインフレと呼ばれるほど大きな変化は生じなくとも、日本円の価値が下落しインフレが起きる可能性は否定できません。そのとき現金だけで資産を保有していると、相対的に資産価値は減少することとなります。

そのような事態にならないよう、資産のリスクとバランスを考慮し、不動産や株式などで分散することが大切です。まずはローリスクの中古物件に投資し、ポートフォリオを組み立ててみてはいかがでしょうか。

ちなみに優良中古物件で得られた利益は、さらに次の投資へとつながっていきます。複数物件への投資やほかのアセットに投資するなど、徐々に資産の量と幅を広げていけば、大富豪を目指すことも可能になります。

# ハイリターンを望むならアジア新興国への投資も

最後に、本書で述べてきたような「中古アパート投資」以外の投資手法にも触れておきましょう。詳しい内容は次章の巻末付録で解説していますが、実は不動産投資のフィールドは国内だけではありません。

例えば僕が注目しているのは、新興国であるカンボジアです。僕が初めてカンボジアを訪れたのは2018年のことでした。そのとき、これから発展していくであろうカンボジアの可能性に圧倒されました。

不動産需要から逆算してみると分かりますが、不動産投資のうち特にキャピタルゲインが見込めるのは、人口が増え経済が発展している国です。日本の場合、経済成長も人口増加も厳しい状況にあるため稼ぐ方法は限られます。

しかし、カンボジアのような発展途上国であれば、国全体が成長していることもあり、不動産本体の価値上昇も見込めます。不動産価値が上昇するのであれば、キャピタルゲインを狙えるということです。

特に都市計画の全容を把握してれば、どこの地域がどのくらい値上がりするのかもイメージできます。インフラの整備など、不動産価値の上昇に直結するような情報を押さえていれば、さらに盤石でしょう。

極端な話、購入した物件が半年〜1年後には数千万円規模で上昇しているケースもあります。土地の価格が上昇していることに加えて、外国人投資家の参入が相次ぎ、価格が急速に高まっているのです。

このように、日本のような成熟した先進国ではあり得ないことがカンボジアでは起きているのです。日本の不動産市場で経験を積んだあと、あるいは最初から海外市場を視野に入れて取り組むのもいいでしょう。

勝ちやすい市場を選んで参入する姿勢は、不動産投資にかかわらずあらゆる投資の基本となります。ビジネスもそうであるように、あえてレッドオーシャンで戦う必要はなく、ブルーオーシャンを選ぶのが得策です。

日本の不動産市場の場合、まだチャンスが残っているのは本書でもお伝えしてきたような中古アパートなどが中心となるでしょう。投資ポートフォリオを組むなら、日本の中古アパートとカンボジアの物件を購入するのもいいかと思います。

例えば、日本市場の中古アパートでインカムゲインを得つつ、カンボジアの物件でキャピタルゲインを得ながら保有資産を拡大していくといった戦略が構築できます。そのようなバランスを取れば、全体としてのリスクヘッジにもなります。

その過程で不動産の購入、運用、売却までを経験しておけば、より幅広い物件を視野に入れて不動産投資をしていくことができます。知見と経験の拡大による選択肢の拡充は、可能性を広げるだけでなく成功確率をも高めてくれるでしょう。

もちろん、海外での不動産投資には一定のハードルがあるのですが、現地での不動産売買に精通している不動産業者や会計士等と組むことで、より安全に参入することは可能です。そして、そのハードルを越えた人だけが得られる利益があります。

守備範囲を広げ、より広範囲にわたって不動産投資をしていきたいという人は、海外不動産市場に参入する第一歩として、ぜひカンボジアの不動産に着目してみてください。詳細は巻末付録で解説しています。

# 巻末付録

## 小口資金で始める
## 爆益必至の新興国不動産投資

# 高い成長率とドル建ての投資ができるカンボジアの魅力

本章では、不動産投資の視点から見るカンボジアの魅力とその特徴、さらには将来性について解説していきましょう。日本国内だけでなく、海外も視野に入れて投資がしたい人は、ぜひ参考にしてみてください。

そもそもカンボジアは、正式名称を「カンボジア王国（Kingdom of Cambodia）」と言います。19世紀末にフランスの保護領として誕生したのですが、第二次世界大戦後の１９５３年に完全独立を果たし、現在のカンボジアの土台が築かれました。

しかし、独立後も度重なる内戦によって、国内事情は不安定な状態が続きます。特に、１９７５年からポル・ポトを中心とした独裁政権が敷かれ、医師や教師などの知識層が大量に殺戮されたのは記憶に新しいことと思います。

プノンペンに新政権が樹立されたあとも、国内には「プノンペン政権」「シハヌーク派」「ソンサン派」「クメール・ルージュ」という４つの勢力が残り、対立関係が残ってしまったのです。

## カンボジアの一般的事項

| | |
|---|---|
| 国・地域名 | カンボジア王国　Kingdom of Cambodia |
| 面積 | 18万1035平方キロメートル（日本の約2分の1弱） |
| 人口 | 1607万人（2018年、出所：カンボジア計画省統計局） |
| 首都 | プノンペン　人口：201万8000人（2018年、出所：同上） |
| 言語 | クメール語（97.05%）、少数民族言語（2.26%）、<br>ベトナム語（0.42%）等（2013年、出所：同上） |
| 宗教 | 仏教（97.9%）イスラム教（1.1%）キリスト教（0.5%）等<br>（2013年、出所：同上） |
| 公用語 | クメール語 |

出典：日本貿易振興機構「カンボジアの概況」を基に作成



その後、１９９０年６月に紛争当事者である４つのグループで「カンボジア最高国民評議会（ＳＮＣ）」が設置されました。翌年にはＳＮＣ議長のシハヌークが帰国し、１９９３年には国連のＵＮＴＡＣが活動を開始。やがて、国民議会の設置へと向かっていきます。

このような歴史を経て、カンボジアはようやく平和な国となりました。

近年のカンボジアは、アジア圏でも屈指の高成長を遂げる国となっています。好景気を牽引しているのは、建設や不動産部門をはじめとして、観光業、小売業、さらには縫製品輸出など、海外からの投資が中心となっています。

## カンボジアの経済状況

●1人当たりGDP：1,548米ドル（2018年推計値）

| | 2016年 | 2017年 | 2018年（推計値） |
|---|---|---|---|
| 実質GDP成長率（%） | 7.0 | 7.0 | 7.5 |
| 消費者物価上昇率（%） | 3.0 | 2.9 | 2.5 |
| 失業率（%） | 0.2 | 0.2 | 0.3 |
| 貿易収支（100万米ドル） | △3,846 | △4,278 | △5,844 |
| 経常収支（100万米ドル） | △1,688 | △1,782 | △2,747 |
| 外貨準備高（100万米ドル） | 6,731 | 8,758 | 10,052 |
| 対外債務残高（グロス）（100万米ドル） | — | — | — |
| 為替レート（1米ドルにつき、リエル、期末値） | 4,056 | 4,045 | 4,053 |

出典：日本貿易振興機構「カンボジアの世界貿易投資報告（2019年版）」を基に作成

事実、ここ十数年にわたりカンボジアは毎年7％前後という高い経済成長を維持してきました。そのため、外国人投資家の参入も増えており、地価は大幅に上昇しています。今後もしばらくは、こうした傾向が続くと予想されます。近年の経済状況は図のとおりです。

特にカンボジアの首都であるプノンペンは成長が著しく、今後も引き続き不動産関連の需要増と市場の成長が期待できます。新興国のポテンシャルは、成長性という意味において先進国の比ではありません。

プノンペン市内に行くと分かりますが、高級コンドミニアムの建設ラッシュで地価が上昇し、不動産開発用地を売却することで富裕層の仲間入りを果たしている人もいます。そのような人々が高額消費ブームを牽引し、さらに景気が盛り上がっているのです。

カンボジアで発行されている通貨は「リエル」ですが、実際には米ドルが広く使われています。そのため金融や商業活動を始める経済全体がドル化しており、決済の大部分もドルで行うことができます。

現地通貨ではなくドルが使われているということは、外国からの資金流入を促しやすく、また物価の安定にもつながります。外国人投資家からすれば、為替のリスクを負うことなく投資ができるので当然です。

このようにカンボジアは、厳しい歴史を経てきたものの、高い成長率とドル建てでの投資が可能なことから、不動産投資先としても注目されています。まさに海外不動産投資先としても狙い目の国と言えるのではないでしょうか。

## カンボジアで行う不動産投資について

次に、カンボジアで行う不動産投資の内容について見ていきましょう。

カンボジアでの不動産投資は、日本国内での不動産投資のように、金融機関から融資を受けて物件を購入するのが王道ではありません。銀行ローンが使いにくいため、基本的には現金での物件購入を主軸に展開していくことになります。

カンボジアに限ったことではありませんが、新興国で行う不動産投資はローンを組むことなく行われるケースが多いです。その理由は融資が受けにくいことに加え、短期間で物件を売却するケースが多いためです。

購入してから短期間で物件を売却するということは、狙っている利益はインカムゲインではなくキャピタルゲインとなります。キャピタルゲインが狙えるのもまた、カンボジアをはじめとする新興国の魅力です。

かつての日本でも、キャピタルゲインが狙えた時期がありました。分かりやすいのは、1990年前後のバブル期です。当時は土地の価格が急速に上昇しており、いわゆる「土地神話」と呼ばれるほど、不動産が伸びていました。

バブル期における最大の投資は、とにかく日本の不動産を購入することでした。所有していれば価格が上昇していくため、任意のタイミングで売却すれば、それだけでキャピタルゲインが得られたというわけです。

カンボジアのような新興国の中には、日本のバブル期を彷彿とさせるような、不動産価格の伸びが期待できるところもあります。高い成長率によって地価が上昇し、経済が伸び、さらに不動産価格が上がるという好循環です。

その波に乗って不動産を購入すれば、短期間で売却してもキャピタルゲインが得られることとなります。日本の不動産投資を経験して資金が貯まった人は、ぜひそうしたチャンスを狙ってみることをお勧めします。

もっとも、お金さえあればどこにでも投資できるというわけではありません。やはり現地でのつながりがなければ、本当に良い不動産を押さえることは難しいでしょう。その点、人脈も必要となります。

僕の場合、現地でのビジネス経験がすでにありますから、例えば駅などのインフラ整備が進んでいる土地を購入し、日本人投資家の方々から出資を募るということもしています。海外不動産投資では、そのような確実性のある投資から始めることも大事でしょう。

投資の流れとしては、現地で僕が運営している法人に対し、資本参加してもらうというイメージです。不動産に投資している投資法人を介して、高い利回りが期待できる投資をするようなものでしょうか。

もちろん、現地で法人をつくる人の場合、自ら投資することも可能です。そのような場合には、現地でどのように不動産投資をしていけばいいのかなどをアドバイスさせていただくなど、簡単なコンサルティングも行っています。

ただ、必要な時間や労力を考えると、すでに存在しているファンドに出資したほうが圧倒的に良いでしょう。また投資はタイミングが大事なので、スピード感という意味でもメリットがあると言えます。

いずれにしてもカンボジアでの不動産投資は、今がチャンスです。できる限り早期の参入が求められます。

## カンボジア不動産投資の実情とは

カンボジア不動産投資の実情について、さらに掘り下げて見ていきましょう。

すでに述べているように、カンボジアの不動産には世界中の投資家が参入しています。経済成長が著しい新興国であることに加えて、ドル建てで投資ができるという状況もあり、投資が殺到しているのです。

分かりやすい例で言うと、地価が著しく上昇しているプノンペンの市街地で、あるインフラ開発が行われました。インフラが整備される前の平米単価は3万円ほどだったのですが、交通の便が良くなったことで実に50万円にまで跳ね上がったのです。

平米単価3万円の土地が50万円になったということは、16倍以上の値上がりです。現在の日本では考えられないことですが、このような急速な伸びが期待できるのもカンボジア不動産投資の魅力と言えるでしょう。

例えば現在はあまり整備されていない地域であっても、今後の発展によって同じように地価の上昇が見込まれるエリアが存在しています。しかも、そのような地域が各地に点在しているのです。

それこそカンボジアでは、言うなれば〝街〟そのものが開発されている状況です。まだ人がそれほど集まっていないところを整備し、土地を開発し、建物を建て、大きな街へと育てているわけです。

そのように考えると、いまだ経済発展が著しい国ということもあり、投資した不動産価格の上昇を見込める可能性が高くなるのも当然です。現地の状況が気になるという人は、実際に視察してみるといいかもしれません。

経済成長している国というのは、海外からの投資も盛んであり、非常に活気があります。そのような地域の不動産に投資すると、大きな価格の伸びが期待できるだけでなく、出口戦略も立てやすくなります。

万が一、投資した土地の値段が思ったほど上がらなかったとしても、地域全体としての経済発展が見込めるため、建物を建設して賃貸や民泊を展開することもできます。そのように、資産としての可能性を広げることができるのです。

ただし、詳しくは後述しますが、カンボジアでは外国人名義で土地を保有することはできません。そのため土地に投資する場合は、現地の法人を通じて投資するか、「ＲＥＩＴ（不動産投資信託）」に投資するなどの方法を選択する必要があります。

一方で、コンドミニアム（2階以上）をはじめとする住居であれば、外国人名義でも保有することができます。そのため、国内不動産投資で蓄積した利益を活用し、数百万円ほど投資してコンドミニアムを購入するのもいいでしょう。

大きな投資をするとそれだけリスクも大きくなりますが、一戸単位の小規模な投資であればリスクを抑えつつ利益を狙うこともできます。状況にもよりますが、そのような視点で検討してみるのもいいでしょう。

物件を購入した地域に、道路や鉄道、商業施設、病院、学校など、街がつくられていくことをイメージしてみてください。そこには日本の不動産投資とは異なるかたちの可能性が秘められています。

しかもカンボジアの経済は現在も成長を続けています。投資先としての期待値は非常に高いです。

## カンボジア不動産のリスクとリターン

このように不動産投資という観点から好条件に恵まれているカンボジアですが、一方でリスクもあります。最大のリスクとして挙げられるのは、外国人名義での土地保有が認められていないことです。

海外不動産投資ではよくあることなのですが、マレーシアを除き、シンガポールやタイ、フィリピン、ベトナムなどでも、外国人名義での土地保有は認められていません。そのため法的に土地を保有できないのが実情です。

ただし、外国人名義であっても、〝住居〟を保有できる国はあります。カンボジアの場合であれば２０１０年の法改正に伴い、非居住者の外国人でもコンドミニアム（２階以上）を保有できることとなりました。

その結果、不動産に投資する余地が出てきたというわけです。事実、外国人に門戸を開いたことによって、カンボジアの成長が底上げされるかたちとなりました。現在の高い成長率は、そのような規制緩和も影響しています。

アジア圏内で比較してみても、タイのバンコクやインドネシアのジャカルタなどに引けを取らないほど、カンボジアのプノンペンには可能性があります。リスクを考慮に入れても、リターンの期待は高いのです。

ちなみに海外不動産投資では、「プレビルド」での販売がよく行われています。プレビルドとは建設工事が始まる前に物件の〝権利〟を売買するもので、特にアジア圏の不動産投資では主流となっています。

プレビルドの流れとしては、最初に物件価格の1～2割ほどを手付金として支払い、さらに工事の進捗に応じて、段階的に残りの金額を支払っていくのが通例です。そのようにして建設に伴うリスクヘッジが行われているのです。

投資家としては、物件が完成していない段階から資金を投じることには、一定のリスクが伴います。販売元のデベロッパーが倒産してしまうなど、最悪の場合、予定されていた建物が建たないケースも想定されるためです。

ただしその分、物件を安く購入できるというメリットがあります。一定のリスクを負担する分、有利な条件で不動産の権利を得られるということです。こうした仕組みは海外不動産投資ならではと言えるでしょう。

プレビルドの物件を低価格で購入し、物件の完成後に高く売るのが、プレビルド投資の王道です。カンボジアにおいてもそのようなプレビルド案件に投資し、高いリターンを得ることは可能です。

ただし、カンボジアでの法人設立はかなり困難です。法人を設立して投資を行うことは、実質的に不可能であると考えておいたほうがいいでしょう。またコンドミニアムの投資を検討したい人もいるかもしれませんが、今後もたくさんの建設が予定されているため、避けたほうが無難です。

このように海外不動産投資には、日本の不動産投資とは異なるリスクがあります。しかしそれだけ、大きなリターンが得られる可能性もあります。ここでも、リスクとリターンが比例している点では同じです。

カンボジア不動産投資にもまた、リスクとリターンがあります。エリアや物件の概要、販売業者となるデベロッパーなど、現地に精通した業者と協力しつつ、できる限りのリスクヘッジをしながらリターンを狙っていきましょう。

## 海外不動産投資で可能性を広げよう

これから不動産投資を始める人の多くは、日本で国内不動産を購入することからスタートするかと思います。商慣習や土地勘など、よりリスクヘッジがしやすい環境で取り組むことが、不動産投資の成功を高めると思われるからです。

たしかに知らない国・知らない土地で、言葉の通じない外国人から不動産を購入するより、知っている土地で日本語が通じる相手から不動産を購入したほうが、安心して取引できることは間違いありません。

ただし、こと不動産投資のポテンシャルという意味で考えると、日本市場に限界があることは否定できません。一棟投資を中心とした中古アパートに投資するならまだしも、新築物件や区分も混ぜてポートフォリオを組むとなれば、自ずと収益性は下がります。

しかもすでに述べているように、一般に流れている情報は玉石混交であり、正しい情報を精査するのは簡単なことではありません。その点を踏まえると、国全体としての経済成長が見込める地域はやはり魅力です。

ベンチャー企業の業界で使われている言葉に「ファーストペンギン」というものがあります。これは、獲物がいるか天敵がいるか分からない海に向かって、最初に飛び込む勇気のあるペンギンのことを指しています。

海に飛び込む前、中の状態がどうなっているのかは分かりません。獲物がたくさんいるかもしれないし、天敵がウヨウヨしているかもしれません。実際に誰かが飛び込んでみなければ分からないのです。

勇気を出して飛び込んだ者には、獲物を好きなだけ獲得できる可能性があります（リターン）。しかも、ほかのライバルがいないため、競い合うことなく、また特別な労力をかけることなく得られます。

一方で、天敵がいた場合には襲われる可能性があります（リスク）。リスクを予測することは可能ですが、何も心の準備をしないで飛び込むだけでは、やはり襲われてしまうでしょう。

このようにリターンがあるからこそリスクがあり、リスクがあるからこそリターンが得られるという関係性は、投資でも事業でも同じです。そしてカンボジアなどの新興国に投資することは、まさにファーストペンギンの行動と言えます。

現段階においては、カンボジアで展開されている不動産投資そのものにまったくライバルがいないわけではありません。すでに世界各国の投資家が参入しており、初期段階のおいしい市場から利益を得ようとしています。

ただ、日本人不動産投資家に限定すると、カンボジアで投資している人はごくわずかです。その点、市場としてはブルーオーシャンと言えるのであり、今後もしばらくは大きな利益を狙える市場であり続けるでしょう。

本書は、必ずしも海外不動産投資を推奨するものではありません。これから不動産投資を始める人は、まず日本の中古アパートから優良物件を見つけ、投資を経験し、資産を増やしてもらいたいと思います。

その中で、不動産投資の仕組みを体感として学び、いかに優れているのかを知ってもらえれば、自然とカンボジアでの投資にも意識が向くはずです。そのときにあらためて、海外不動産投資に目を向けてみるのもいいのではないでしょうか。

# おわりに

ここ数年、土地所有者や一部の富裕層だけでなく、一般のサラリーマンでもできる不動産投資が話題になりました。その多くは投資用のマンションやアパートを購入し、賃貸に出すことで収益を積み重ねていく手法をベースとしています。物件選定から銀行融資、管理、運営までの投資スキームが確立されるに従って、徐々に不動産投資は一般化したと言えるでしょう。

しかし、２０１７年頃から不動産会社の不祥事が相次ぎ、金融機関は不動産投資への融資を引き締めるようになりました。加えて少子化による人口減少が進むなか、日本ではすでに賃貸需要の縮小が懸念されています。今後は空室率の上昇や家賃の下落を含めた厳しい利回りを想定しておかなければ、不動産投資による安定収益は実現できません。

事実、不動産投資初心者を中心に失敗する人が急増しています。営業マンの話を鵜呑みにし、市況を分析しないまま安易に着手することで、利益が出ないまま赤字を垂れ流している投資家は少なくありません。なかには赤字だと知りながら、物件を売却したあとに借金が残ってしまうことを恐れて売るに売れず、さらに赤字を増やしてしまう人もいます。

僕はこれまで、投資用不動産の中でも特に優良な中古物件を専門に、数多くの不動産を取り扱ってきました。その過程で重視してきたのは、お客さまのリスクを極小化しつつ、高利回りを実現することです。実際に、売却等の出口まで考え抜いたコンサルティングによって、幅広い投資家の方々からご支持をいただいています。

僕が優良物件を提供できている最大の理由は、中間業者を挟むことなく、不動産オーナーから直接不動産を仕入れているためです。その結果、余計な費用を削減し、投資家が望む「低価格・高収益」の物件を提案できているのです。加えて、物件の選定から融資付け、さらに物件管理までの最適なスキームを確立しており、投資家の利益を最大化できる仕組みを構築してきました。

本書では、そんな僕自身の経験と実績から導き出した不動産投資の方法について詳しく解説しました。

不動産投資のおかげでないない尽くしだった僕も、昔描いていた理想の人生を手に入れることができるようになりました。

もともと僕は、人に喜んでもらうことに価値を見い出すタイプの人間です。今でこそ「正木さんはお金を持ってるからですよ」と言われることもありますが、昔からお金そのものには興味がないのです。

どちらかと言えばお金を使って、自分のやりたいことをやるのが好きなのです。人に喜んでもらいたい、自分のやりたいことにはお金が必要なので稼ぐしかなかった、ただそれだけなのです。

仮に今、手元に１０００万円があったとすれば、それを全部使ってやりたいことをやるのです。「全部使って０になったらどうするの？」とよく言われますが、僕は決してそうは思いません。またやりたいことのために稼げばいいのです。人は必ずいつか死にます。それがいつなのかは誰にも分かりません。棺桶にお金を持って入ることもできません。

明日死ぬかもしれない。だったらやりたいことのためにお金を使う。そのためにお金を生み出していくのです。

最後になりましたが、会社を立ち上げてから多くの社員を雇えるようになり、お客さまにも評価をいただけている今の僕があるのは、これまでお世話になった親方や第二の師匠、家族、仲間、そして会社を支えてくれている大切な社員のみんなのおかげであることに心から感謝しています。

そして、本書がより豊かに資産を築きたいと願う人々に向けて、何らかのお役に立てたなら、この上なくうれしい限りです。

### 【著者】正木透次郎（まさき　とうじろう）

ゼストグループ会長
1990年生まれ、大阪府寝屋川市出身
中学卒業後、現場作業員を経て某大手中古車販売会社に勤務。入社後２カ月で任意保険獲得額全国１位の営業成績を上げる。圧倒的な好成績を収め続け、不動産業界へ転職。某不動産会社勤務にて知識とノウハウを身に付け、24歳で独立を決意。2016年に株式会社ゼストエステートを設立。中古の投資物件を専門に扱い始める。４期連続増収増益の今期、満を持して淀屋橋に自社ビルを移転。優良物件を紹介することで顧客からは絶大な信頼を得ており、問い合わせが絶えない。事業だけでなく自身も不動産投資を繰り返し、理想のライフスタイルを手に入れている。愛車はランボルギーニ２台、フェラーリ、ロールスロイスなど29歳にして高い資産力を持つ。

### 【監修】菅 丈史（すが　たけし）

ゼストグループ専務取締役、営業本部本部長
「お客様から信頼される理想のパートナーとして、不動産に関するご相談により高い質の情報・サービスができるように」を理念に、総合不動産商社としてアセットデザイン、ライフデザイン、海外事業部と３つの事業を展開している。

本書についての
ご意見・ご感想はコチラ

1日1杯100円のうどんしか
食べられなかった僕が成功した
**最強「レアボロ」不動産投資**

2020年4月1日　第1刷発行

著　者　　正木透次郎
発行人　　久保田貴幸

発行元　　株式会社 幻冬舎メディアコンサルティング
〒151-0051　東京都渋谷区千駄ヶ谷4-9-7
電話 03-5411-6440（編集）

発売元　　株式会社 幻冬舎
〒151-0051　東京都渋谷区千駄ヶ谷4-9-7
電話 03-5411-6222（営業）

印刷・製本　シナノ書籍印刷株式会社
装　丁　　弓田和則

検印廃止

Printed in Japan
ISBN 978-4-344-92588-5　C2033
幻冬舎メディアコンサルティングＨＰ
http://www.gentosha-mc.com/